Brigitta Gerig-Wildermuth
Rosemarie Meier-Dell'Olivo

Ping Pong

Brigitta Gerig-Wildermuth
Rosemarie Meier-Dell'Olivo

Ping Pong

Schreiben zu zweit – ein Praxisbuch

Claudia Wartmann Natürlich

Lektorat: Anne Kittel
Umschlagbild und Illustrationen: Remo Wyss
Umschlaggestaltung, Layout und Satz:
Ursi Anna Aeschbacher, Biel/Bienne
Druck: CPI books

www.wartmann-natuerlich.ch

ISBN 978-3-9523218-8-1

Inhalt

Einleitung

«Ich möchte mir einfach wieder mehr Zeit zum Schreiben nehmen.» Wer von uns beiden das sagte, wissen wir nicht mehr. Doch dieser eine Satz war die Initialzündung zu diesem Buch.

Seit vielen Jahren führen wir Schreibwerkstatt-Kurse durch, geben Impulse und stellen Methoden vor, um den Schreibfluss der Teilnehmenden in Gang zu bringen. Unser eigenes Schreiben kam dabei oft zu kurz, bis zu dem Tag, als eine von uns diesen Satz sagte und mit ihm das Bedürfnis spürbar wurde, wieder vermehrt und verstärkt zu schreiben. Wir beide kannten das Ping-Pong-Schreibspiel als eine Methode des spontanen Schreibens und stellten es in unseren Kursen vor. Nun hatten wir den Schlüssel in der Hand. Wir wollten selber wieder spielen, schreib-spielen. Wörter waren unser Ball, den wir einander zuwarfen, und schon waren wir mitten drin im Fabrizieren von Texten. Wir fanden problemlos die Zeit dafür, ganz einfach, weil es unser Leben bereicherte.

Wir spielten lange, probierten und experimentierten lustvoll mit verschiedenen Genres und kamen so, ohne dass wir es anstrebten, auf eine tiefere Ebene. Wir überlegten, was das Hin- und Herschreiben bei uns auslöst, warum die Freude an diesem Schreibspiel so lange anhält. Wir fanden gemeinsam heraus, welche Kriterien nötig sind, damit die Freude und die Lust am Schreiben nicht versiegen.

Irgendwann wagten wir den ersten Schritt hin zu diesem Buch. Wir hätten ihn vielleicht nicht gemacht, wenn die Teilnehmenden in unseren Kursen nicht immer wieder bedauert hätten, ihnen fehle die Resonanz, wenn sie nicht in einer

Schreibgruppe aufgehoben wären. Eine Schreibgruppe mit mehreren Teilnehmenden ist eine gute Sache, aber Schreiben kann man auch zu zweit. Nur das Allein-Schreiben für die Schublade ist schwer, denn Schreiben kann eine einsame Sache sein.

Und so ist dieses Buch entstanden, das Sie nun in Händen halten. Es ist eine Anregung, sich auf das Schreiben zu zweit einzulassen. Es ist ein Führer durch die Spiellandschaft des Hin- und Herschreibens. Sie erhalten Einblick in unsere Erkenntnisse, die wir über diese Art zu schreiben erworben haben.

Vielleicht haben Sie schon beim Blättern durch das Buch entdeckt, dass es zahlreiche Beispiele enthält. Der Schwerpunkt liegt bei den biografischen Geschichten. Bei diesen Texten haben wir die Namen der Personen abgeändert. Doch Sie werden auch ein paar Beispiele zu anderen Genres finden. Sie sollen Ihnen das breite Spektrum des Ping-Pong-Schreibens illustrieren.

Überall, wo wir Frauen und Männer ansprechen, haben wir aus stilistischen Gründen der männlichen Form den Vorzug gegeben und auf das Erwähnen von weiblicher und männlicher Form verzichtet. Es würde den Text unnötig aufblähen. Unsere Beispiele stammen aus dem schweizerischen Alltag. So haben wir Helvetismen bewusst gewählt und auf hochdeutsche Begriffe verzichtet.

Zusammen dieses Buch zu schreiben, war für uns ein grosses Abenteuer. Wir haben uns auf den Weg gemacht, genau wie Sie, wenn Sie sich entschliessen, einen Schreibpartner zu suchen und zusammen Schreibbälle hin- und herzuwerfen. Wir haben beide den Schreibfaden für dieses Buch gepflegt und gehegt, ihn stärker werden lassen bis zum heutigen Tag. Nun freuen wir uns, wenn Sie Ihren Ball fliegen lassen und Ihr Spiel beginnt.

Ich schreibe, weil ich meine
Gedanken sehen möchte.

Waltraud Puzicha (*1925)

Schreiben würde ich schon gerne ...

Sie schreiben gerne. Oder das Bedürfnis, sich schriftlich auszudrücken, schlummert in Ihnen und erwacht zaghaft. Vielleicht haben Sie schon einige Tagebuchnotizen oder Geschichten verfasst: Die Texte liegen nun in der Schublade und warten auf ein Echo. Oder aber Sie haben kaum Erfahrung mit dem Schreiben, möchten aber Ihre Gedanken, Erlebnisse und Vorstellungen festhalten. Denn Sie ahnen, wie heilsam das Aufzeichnen Ihrer Einfälle sein kann. Nehmen Sie Ihre Bedürfnisse ernst. Ob Sie Vielschreiber mit Erfahrung oder Neueinsteiger in die Welt der aufgeschriebenen Wörter sind, spielt keine Rolle. Wichtig ist allein der Wunsch, sich schreibend auszudrücken. Lassen Sie sich zum Schreiben verführen, denn es gibt nichts Einfacheres als das. Das behaupten wir, und wir sind überzeugt, dass Sie dies auch so erleben werden. Mit dem Ping-Pong-Schreibspiel und seinen einfachen Regeln, die wir Ihnen in diesem Buch vorstellen, finden Sie leicht zu Ihrem Schreibfluss.
Vermutlich haben Sie in der Schule schreiben gelernt. Die Erfahrungen mit diesen ersten, selbst fabrizierten Sätzen sind sehr unterschiedlich. Vielleicht wurden Sie gelobt und erlebten Anerkennung. Dann können Sie sich glücklich schätzen. Dies ist ein guter Boden. Oder aber Sie wurden ständig korrigiert, denn Sie standen mit Rechtschreibung und Grammatik auf Kriegsfuss. Die Aufsatznoten motivierten Sie kaum, Ihre Fabulierlust zu entdecken und auszuleben Vergessen Sie die Schulzeit. Lust und Freude am Aufschreiben der eigenen Gedanken steht jedem offen. Schicken Sie den Kritiker mit Rotstift für einmal in die Ferien. Und wer gute Erfahrungen aus der Schulzeit mitnehmen kann, der soll die guten

Startbedingungen für die eigene Schreibreise ganz einfach geniessen.

Schreiben ist eine schöpferische Tätigkeit. Sie schöpfen aus sich heraus, aus dem unendlichen Schatz an Beobachtungen und Erfahrungen. Erst während des Schreibprozesses werden weisse Stellen der halbvergessenen Erinnerungen wieder stärker, farbiger, plastischer. Erst durch die Erfahrung des Aufzeichnens erkennen Sie, welch unermesslicher Schatz an Fantasie in Ihnen steckt.

Das freie Schreiben ist ganzheitlich. Es verbindet Herz und Verstand, macht beweglich, elastisch und wach. Es schenkt Energie, ohne unsere Nerven zu belasten. Das absichtslose Schreiben ist zudem ein Abenteuer. Oft wissen wir nicht, wohin die Route führt und sind dann erstaunt und erfreut, dass wir eine so interessante Reise gewählt haben.

Insgeheim ahnen Sie das alles. Nun brauchen Sie nur noch Neugier und Lust, eine neue Seite dieses kreativen Schreibens zu entdecken: Es ist das Schreiben zu zweit. Wir nennen es das Ping-Pong-Schreibspiel, weil die Partner einander Geschichten wie Bälle zuwerfen. Mit jedem Wurf, mit jeder Geschichte, die wir einander zuspielen oder überreichen, vergrössert sich unser Erinnerungsschatz wie eine Quelle, die zu einem Strom wird. Unsere Fantasie wird belebt und mit jedem neuen Text, bzw. Ping oder Pong, wird das Schreiben leichter. Wie das Spiel funktioniert, stellen wir Ihnen im nächsten Kapitel vor.

> Geschrieben Wort ist Perlen gleich.
>
> Johann Wolfgang von Goethe (1749–1832)

Das Ping-Pong-Spiel

Am Anfang ist das Wort, und aus Wörtern entstehen Geschichten. Doch wie kommen wir mit dieser unermesslichen Flut an möglichen Geschichten zurecht? Wie schaffen wir es, ein leeres Blatt zu füllen, ohne uns zu verzetteln und ohne Anregung von aussen? Dass wir voll von Geschichten sind, merken wir manchmal erst, wenn wir mit uns allein sind und uns nicht ablenken können. Wir reden dann im Geiste mit uns selber, inszenieren Dialoge, erfinden Gespräche.

Ping-Pong-Schreiben grenzt die Vielfalt an Möglichkeiten für einen Augenblick ein. Sie lassen sich von einem für Sie geschriebenen Text inspirieren, das heisst, von Gedanken, die Ihr Gegenüber formuliert hat. Und plötzlich, wie aus dem Nichts, haben Sie eine zündende Idee. Ihr Unterbewusstsein hilft Ihnen dabei. Sie schreiben diese Idee auf und geben den Ball zurück. Und so entstehen Geschichten aus dem scheinbaren Nichts, das selbstverständlich kein Nichts ist, sondern die Fülle unseres inneren Erlebens.

Das Spiel funktioniert einfach. Sie wählen ein Wort, eine Wendung oder einen Gedanken aus dem erhaltenen Text. Überlegen Sie nicht zu lange. Die erste spontane Wahl ist die Beste. Setzen Sie den ausgewählten Begriff als Titel, und nun erschaffen Sie einen neuen, eigenständigen Text, der inhaltlich nicht an den geschenkten Text anknüpfen muss. Überlegen Sie auch hier nicht zu lange. Schreiben Sie unbekümmert, was Ihnen in die Feder fliesst. Vergessen Sie nicht: Sie spielen.

Einen Augenblick lang werde ich
du sein, und du wirst ich sein,
und das bringt uns weiter.

Meryl Streep (*1949)

Schreiben zu zweit – eine Anleitung

Damit das gemeinsame Schreiben zu zweit über eine längere Zeit Freude macht, empfehlen wir Ihnen, ein paar Regeln zu beachten:

Der Mitspieler, die Mitspielerin

Suchen Sie sich jemanden, der gerne schreibt. Wenn unter den Partnern bereits eine gewisse Vertrautheit da ist, ist der Beginn leichter. Wer der Mitspieler ist, spielt keine Rolle. Das können der Partner, Freunde oder Nachbarn sein. Die wichtigste Voraussetzung ist das gegenseitige Vertrauen. Die Texte, welche die Schreibpartner einander anvertrauen, sind tabu für Drittpersonen. Fehlt das gegenseitige Vertrauen, gelingt das Ping-Pong-Schreiben nicht. Wählen Sie also nicht nur jemanden, der Ihnen wohlgesonnen, sondern auch jemanden, der verschwiegen ist.

Der Anfang

Derjenige, der mit der ersten Geschichte beginnt, erhält vom Partner ein Schlüsselwort geschenkt. Der Beschenkte fängt das Wort auf und überlegt kurz, was für einen Gedanken es auslöst. Fast jedes Wort löst eine Erinnerung aus, auch wenn sie anfangs noch so verschwommen ist. Vielleicht ist es ein Erlebnis aus der frühen Kindheit, eine Schulgeschichte, eine Erinnerung an eine Person, an einen Ort, an eine Begebenheit, ein Erlebnis, das lange vergessen war und nun plötzlich wieder auftaucht. Oder das Wort regt Ihre Fantasie an. «Wie wäre es, wenn…», fragen Sie sich vielleicht, und schon

haben Sie eine Geschichte im Kopf. Es geht also darum herauszufinden, was dieses eine geschenkte Wort auslöst. Irgendetwas wird es sein. Nehmen Sie dieses Wort als Titel und lassen Sie sich überraschen, was für eine Geschichte sich daraus entwickelt.
Streben Sie keinen Perfektionismus an; schreiben Sie Rohtexte. Rohtexte sind aus dem Augenblick heraus geschrieben und können deshalb nicht perfekt sein. Rohtexte sind noch keine geschliffenen Edelsteine, sondern Erstfassungen. Sobald Sie den Anspruch haben, druckreif zu schreiben, verkrampfen Sie sich. Die Erinnerungen gehen verloren und die Freude, sich spontan und absichtslos auszudrücken, verschwindet. Deshalb ist es wichtig, dass Sie mit Ihrer Partnerin, Ihrem Partner abmachen, poetisches Rohmaterial zu schreiben. Haben Sie Selbstvertrauen in Ihren eigenen Stil. Sagen Sie sich: So, wie ich schreibe, ist es in Ordnung.
Dass die Partner einander vergleichen und bewerten – und sei es nur im eigenen Kopf –, ist eine Gefahr, die Schreibenden mit wenig Selbstvertrauen oder einem Hang zum Perfektionismus zu schaffen machen könnte. Den eigenen Text nicht ständig zu kritisieren oder zu vergleichen, ist lernbar. Es braucht manchmal nur ein bisschen Zeit und Geduld. Beim Ping-Pong-Schreiben üben Sie das und erreichen so ganz nebenbei Gelassenheit – womöglich auch in anderen Lebensbereichen.

Der Spielverlauf

Sie erhalten nun von Ihrem Schreibpartner den ersten Text geschenkt. Wählen Sie aus diesen Zeilen ein Wort als Titel für eine eigenständige Geschichte. Eigenständig deshalb, weil sie nichts mit dem erhaltenen Text Ihres Schreibpartners zu tun haben muss. Sie müssen also nicht auf den Inhalt eingehen.
Vielleicht befürchten Sie, den zugeworfenen Schreibball nicht auffangen zu können. Mit anderen Worten: Sie wissen

weder, welches Wort Sie wählen sollten, noch was Sie dazu schreiben könnten. Zu viele Wörter stehen auf dem Papier. Lassen Sie sich Zeit. Es gibt immer ein Wort, einen Begriff, der Sie nicht mehr loslässt. Und dann taucht unwillkürlich eine verschwommene Idee auf, die wir oft wegscheuchen, weil sie uns zu banal, zu gewöhnlich, zu nichtssagend scheint. Lassen Sie zu, banale, gewöhnliche, einfache Erlebnisse niederzuschreiben. Wählen Sie das Wort, das Sie spontan anspricht, und schreiben Sie auf, was es an Erinnerungen und Geschichten in Ihnen auslöst. Ganz automatisch, noch während des Schreibens, wird die Erinnerung stärker und plastischer.
Im Hintergrund sind Sie getragen vom Text Ihres Partners – vom Ping oder Pong –, der Sie inspiriert hat. Das ist wie bei einem Gespräch zwischen zwei Menschen. Sie schieben sich auch Bälle hin und her, schnappen Assoziationen auf, spinnen sie weiter und entdecken einen Reichtum an eigenen Erlebniswelten.
Drängen Sie Ihren Schreibpartner nicht und lassen Sie sich selber Zeit. Natürlich ist die freudige und gespannte Erwartung Ihres Gegenübers als leichtes Druckmittel spürbar. Erlauben Sie sich Ihr eigenes Tempo und lassen Sie Ihren Mitspieler ruhig warten. Diese freudige, gespannte Erwartung kann ein wunderbares Hilfsmittel sein, überhaupt zu schreiben. Schöpferisch zu sein und gleichzeitig zu helfen, damit der Partner wieder Stoff zum Schreiben hat, ist beglückender, als für die Schublade zu produzieren.

Spiel-Ende

Jedes Spiel hat ein Ende, so auch das Ping-Pong-Spiel. Wenn das Feuer erloschen ist, wird es kalt. Das spüren meist beide. Dann ist es Zeit aufzuhören und vielleicht später irgendwann wieder einmal mit diesem wunderbaren Schreibspiel zu beginnen. Freuen Sie sich an dem, was Sie beide entstehen liessen und aus sich selbst heraus geschaffen haben.

Spielregeln

Derjenige, der den ersten Text schreibt, bekommt ein Wort geschenkt.

Dieses Wort ist das Schlüsselwort für den Ping-Text. Diesen schenkt er seinem Mitspieler.

Der Mitspieler wählt aus dem geschenkten Text ebenfalls ein Schlüsselwort und schreibt einen Pong-Text. Das Spiel mit den Hin- und Her-Texten ist nun bereits im Fluss.

Zusammenfassung

Schreiben Sie Rohtexte. Das sind aus dem Augenblick heraus geschriebene Texte. Lassen Sie sich überraschen, was dabei entsteht.

Bleiben Sie während des Schreibens ganz bei sich und ignorieren Sie den Text Ihres Gegenübers.

Wenn Sie während des Schreibens vergessen, dass Sie schreiben, dann kommen Sie mit Ihrem Unterbewusstsein in Berührung und Ihre Texte fliessen nur so dahin. Später beim Durchlesen können Sie immer noch streichen oder erweitern.

Vergleichen Sie Ihre Geschichten/Ihre Texte nicht. Werten Sie nicht, und behalten Sie Ihren Schreibstil.

Schreiben Sie nicht zwei Texte hintereinander, sondern warten Sie, bis Sie einen Text von Ihrem Gegenüber erhalten.

Lassen Sie einander Zeit.

Einzig annehmbare Form der Verständigung ist das geschriebene Wort, denn es ist kein Stein in einer Brücke zwischen Seelen, sondern ein Lichtstrahl zwischen Sternen.

Fernando Pessoa (1888–1935)

Wie wir vorgegangen sind

Wer Ping-Pong-Texte schreibt, muss sich nicht auf ein Genre versteifen. Wer gerne fiktive Geschichten fabuliert, könnte zum Beispiel Hin- und Hergeschichten zusammen mit einem Kind ausprobieren. Ein Kind, das gerade das Schreiben entdeckt, ist noch voller Fantasie und kitzelt bei einem Erwachsenen die Schöpferkraft heraus. Ein Paar könnte sich auch mit Beobachtungen aus dem Alltag gegenseitig inspirieren lassen. Sie nehmen zum Beispiel eine Situation wahr, schreiben sie auf und schicken oder geben sie dem Empfänger. Oder Sie sind selber in ein Erlebnis verwickelt, das Sie nicht mehr loslässt. Wenn Sie sich zu Lyrik hingezogen fühlen, dann schreiben Sie ein freies Gedicht. Ein paar wenige Worte genügen, um Ihr Gegenüber zum Schreiben anzuspornen. Dieses Gegenüber muss dann selbstverständlich nicht mit einem Gedicht antworten, sondern kann frei das Genre wählen, das ihm am nächsten ist. Gemeinsam Schreibende können die Schreibform jederzeit mischen. Schreiben ist das Ziel und nicht, welche Formen man wählt.
Nachdem wir verschiedene Schreibformen ausprobiert hatten, entschieden wir uns vorerst für das biografische Schreiben. Das ergab sich so, ohne dass wir lange darüber diskutierten. Die meisten Geschichten stammen aus unserer Kindheit und Jugendzeit. Wir hatten jedoch nie die Absicht, eine Biografie zu schreiben. Wir spürten, dass diese Form uns gut tut und uns inspiriert weiterzuschreiben. Hätten wir die Absicht gehabt, eine Biografie zu verfassen, wären wir nicht um Stolpersteine herumgekommen, um dunkle, schwierige Erlebnisse. In jedem Leben gibt es Erfahrungen, an die wir nicht gerne zurückdenken. Diese griffen wir bewusst nicht

auf. Ping-Pong-Schreiben ist ein Spiel und keine Therapie. Der Offenbarungszwang war uns daher fremd. Wir konzentrierten uns ausschliesslich auf das, worüber wir gerne schreiben und genossen den Augenblick des Entstehens. Auch bewegten wir uns bei der Auswahl der Geschichten mühelos zeitlich vor und zurück. Wir strebten keine Chronologie an, und einen roten Faden brauchten wir auch nicht. Die biografischen Geschichten, die wir einander schenkten, sind in sich abgeschlossene Texte aus einem Erlebnis heraus. Das Schlüsselwort, das wir spontan wählten, weckte eine Verknüpfung zur eigenen Vorstellung, also eine Assoziation, die uns oft selbst überraschte. Das ist dasselbe, wie wenn Menschen miteinander reden: Ein Wort ergibt das andere. So war das Ping-Pong-Schreiben einerseits eine ernsthafte Sache, andererseits erlebten wir es als spielerisch leicht. Das Schönste aber war, dass eine Erinnerung, die ein Schlüsselwort auslöste, unsere Vorstellungskraft aktivierte und es dank dieser Kraft möglich war, eine sinnliche Geschichte entstehen zu lassen, die wir spontan aufschreiben und weitergeben konnten. So zu schreiben, war uns ein Bedürfnis und gleichzeitig ein Vergnügen.
Damit Sie erfassen können, was in uns vorgegangen ist, bevor wir eine Geschichte aufgeschrieben haben, notierten wir im Beispielteil jeweils ein paar Zeilen im Vorspann der einzelnen Texte. Einzelne solcher Gedanken tauschten wir hin und wieder aus. Sie bereicherten unser Spiel.

Die Spielerinnen

Ping: Rosemarie Meier-Dell'Olivo, geboren 1949

Pong: Brigitta Gerig-Wildermuth, geboren 1951

Beispiele aus unserem Lebensschatz

Ping: Italien

Meine Schreibpartnerin schenkt mir das Wort «Italien». Was verbindet mich mit diesem Land? Natürlich das Mittelmeer und das mediterrane Leben. Doch ein Erlebnis aus dem Anfang meiner Lehrzeit überlagert die Ferienbilder. Es ist so stark, dass ich es aufschreiben muss, denn die nachfolgende Geschichte prägte mich damals eine lange Zeit.

Mein Vater hatte für mich eine kaufmännische Lehre in einem der grössten Baugeschäfte der Stadt Zürich organisiert. Dafür brauchte er nur ein paar Minuten. Er telefonierte mit dem Personalchef, und wir bekamen sofort einen Vorstellungstermin. Ich kam gerade von einem einjährigen Institutsaufenthalt in einem Kloster in der Normandie zurück, als ich mich zwei Wochen später im Lohnbüro des Hauptgeschäfts Hatt-Haller wiederfand. Dass ich noch vor wenigen Tagen hinter Klostermauern verborgen mein sechzehntes

Lebensjahr verbracht hatte, versuchte ich zu kaschieren, indem ich es einfach ausblendete. Ich vertauschte meinen grauen, knielangen Faltenjupe mit einem möglichst kurzen Minirock. Mein Chef, der von uns Signore genannt wurde, und seine drei Mitarbeiter sollten keine Gelegenheit haben, mich als weltfremdes Mädchen zu etikettieren.

Das Zehnfingersystem auf der Schreibmaschine beherrschte ich noch nicht. Hingegen die neunhundert Lohnbelege alle zwei Wochen in die richtigen Registraturmäppchen abzulegen, das muteten sie mir zu. So stand ich stundenlang vor geöffneten Schubladen und fütterte sie. Die Mappe von Gaetano Luigi beispielsweise war schon recht dick. Der musste schon etliche Jahre bei HHH arbeiten. So hiess die Abkürzung meiner Lehrfirma. Dasjenige von Vitteriti Giovanni hingegen bestand erst aus vier Lohnbelegen. Also arbeitete er erst seit zwei Monaten auf der Baustelle Ulmberg. So legte ich einen Lohnzettel nach dem anderen ab und rechnete aus, wie lange die Männer als Handlanger, Maurer oder Kranführer bereits im Betrieb angestellt waren. Von den rund neunhundert Namen entdeckte ich nur ganz wenige deutschsprachige. Das waren die Vorarbeiter und die Bauführer.

Zwei Dinge gab es, die diese monotone Arbeit erträglich machten: Der Znünieinkauf fürs Büro, verbunden mit einem Gratisznüni für mich. Und wenn sich ein Gastarbeiter am Schalter meldete. Ich verstand kaum ein italienisches Wort, aber die Wortfetzen, die zwischen meinem Chef und dem mit einem Anliegen kommenden Arbeiter hin- und herflogen, untermalt mit einer ausholenden Gestik, faszinierten mich. Bestimmt hatte der Arbeiter die Lohntüte nicht erhalten oder er war mit dem Inhalt unzufrieden. Vielleicht war auch die Baracke überbelegt oder seine Mutter lag im Sterben, und er musste dringend nach Hause. Im Nachhinein wusste ich immer, um was es bei diesen Diskussionen ging, denn mein Chef lud gerne seinen Frust bei uns ab, sobald der Arbeiter die Bürotür hinter sich geschlossen hatte.

Einmal aber – ich erinnere mich noch ganz genau – hörte ich nur meinen Chef sprechen, obwohl jemand vor dem Schalter stand. Ich drehte mich um und erblickte einen Jungen, der kaum so alt sein konnte wie ich. Seine Augen blickten unruhig kurz zu meinem Chef und länger auf den Boden. Einen mit Schnüren umwickelten kleinen Koffer trug er während des ganzen Gesprächs in der Hand. Ausser eines gelegentlichen «si» oder «no», verbunden mit einem Kopfnicken oder -schütteln, hörte ich nichts. Der Junge musste direkt auf der Suche nach Arbeit vom Bahnhof zu uns gekommen sein. Er überreichte meinem Chef einen Zettel mit der Adresse unserer Firma. Sonst nichts.

«Ho lavoro per te», sagte mein Chef schliesslich, und schrieb die Adresse der Baustelle am Ulmbergtunnel auf. Der Junge nickte. «Chiedi, **Signore Bodmer.**»

Der Junge nickte. «Prendi il tram No. 4. Ecco un biglietto.»

Der Junge nickte.

«Domani puoi cominciare il lavoro. Morgen kannst du mit deiner Arbeit beginnen.» Der Junge nahm den Zettel und die Fahrkarte zu sich, bedankte sich und schob seinen schmalen, schmächtigen Körper durch den Türspalt.

«Die Sizilianer schicken bereits Schulkinder zu uns, verdammt noch mal», schimpfte mein Chef und setzte sich wieder ans Pult. Noch fehlte eine Stunde bis Feierabend. Schon den ganzen Tag hatte ich mich auf den Abend gefreut, den ich mit meinem Freund verbringen wollte. Doch plötzlich war mir, als hätte der sizilianische Junge meine Leichtigkeit mit auf die Baustelle genommen. Er würde sie brauchen können.

Pong: Signore Bodmer

Es kann sein, dass es nicht leicht ist, aus der Fülle der Erinnerung eine Geschichte auszuwählen. Ein Name kann da hilfreich sein. Er ist der Türöffner für ein Porträt. Signore Bodmer weckt Erinnerungen an einen Nachbarn, Herrn Bodmer. Beim Schreiben kommt mir längst Vergessenes in den Sinn. Nach dem Aufschreiben erfahre ich, warum er mir bis heute Eindruck macht.

Romanische Sprachen haben es in sich. Ihre Melodie weckt Empfindungen, wie sie die deutsche Sprache nicht kennt. Und so ist ein «Signore» ein ganz anderer Mensch als ein «Herr». Nur schon die beiden «Rs» tönen eher wie ein Hundeknurren, wogegen das weiche, wie Schokoladenmousse auf der Zunge zergehende «nj» des «Signore», das auf elegante Weise die Vokale «i» und «o» verbindet, eine erlauchte Persönlichkeit hervorzaubert. Und das war er, eine vornehme, distinguierte Person, unser **Nachbar** Bodmer.
Ich sehe ihn, wie er im silberfarbenen Auto auf der schmalen Strasse zu seinem Anwesen neben meinem Elternhaus fuhr und dabei freundlich lächelnd grüsste. Mit beiden Händen am Steuer, wie es sich gehörte, konnte er den Hut zum Gruss nicht heben. Das tat er jedoch, wenn ich ihm in seltenen Augenblicken zu Fuss begegnete. Ich war dreizehn, vielleicht vierzehn und ein renommierter, etablierter Herr mit grauem Haar hob seinen Hut, um mich zu grüssen. Sowas vergisst man nie. Das ist kein Herr, das ist ein Signore.
Es ist seltsam, meine Erinnerung an ihn reduziert sich auf diese kurzen Begegnungen. Hin und wieder fuhr er meine Mutter irgendwohin. Immer diskret, immer hilfsbereit, immer freundlich. Meine Mutter konnte nicht Auto fahren und war

für einen solchen gelegentlichen Fahrdienst dankbar. Mein Vater, der eine äusserst eifersüchtige Person war, tolerierte diese Dienste von «Herrn Bodmer», wie ihn meine Eltern nannten, ohne mit der Wimper zu zucken. Er wiederum sprach sie mit «Herr und Frau Doktor» an, wie es dazumal halt so üblich war. Meine Mutter hatte ihm immer wieder versichert, sie sei keine Frau Doktor, doch er blieb dieser Anrede treu. Ein Signore durch und durch. Wäre er Wiener gewesen und nicht Basler, hätte er vermutlich meiner Mutter die Hand geküsst, und auch das hätte mein Vater toleriert.

Es erstaunt mich, dass ich Herrn Bodmers weitere Lebensrollen nicht richtig mitbekommen habe. Schliesslich war er unser Nachbar und Vater von drei Kindern, zwei Söhnen und einer Tochter, und Ehegatte einer quirligen Frau, die einen Kopf grösser war als er und gertenschlank, während er, wie sich auch das für einen Signore gehört, einen kleinen Bauch trug, der ihm sehr gut stand. Ich habe ihn nur im Anzug mit Krawatte in Erinnerung.

Herr Bodmer arbeitete in gehobener Position bei einer internationalen Firma und besetzte dort eine verantwortungsvolle Stelle – doch auch das war für mich nicht relevant. Für mich war Herr Bodmer das Abbild eines norditalienischen Adligen, der nicht arbeitete, eben, ein Signore. Und hätte er eines Tages nur noch italienisch gesprochen, es wäre für mich ganz in Ordnung gewesen.

Sein Haar war schlohweiss und er trug es gescheitelt, akkurat. Die gestreifte Krawatte war fest verknotet, die Hände am Steuerrad gepflegt, das Auto poliert, seine Wangen schienen immer frisch rasiert. Ich frage mich, woran es liegt, dass diese Attribute, die eher zu einem Herrn Bünzli passen, aus Herrn Bodmer einen Signore machten. Es muss an seinen Augen gelegen haben, an seinen warmen, mit Lachfältchen umsäumten blauen Augen. Oder an seiner Zufriedenheit? An seinem ruhigen sich Eingerichtethaben in seiner Persönlichkeit? Ich weiss es nicht.

Er starb eines Tages, einfach so an einer Herzschwäche. Ich jedoch stelle fest, dass ein Signore den Tod überlebt, nur Herren werden beerdigt.

Ping: Nachbarin Blum

Ich überlege nicht lange: Ich möchte ebenfalls über eine Nachbarin aus meiner Kindheit schreiben. Viele kommen mir in den Sinn, aber Frau Blum blieb haften. Plötzlich steht sie vor mir, als hätte sie schon immer zu meinem Leben gehört, obwohl ich in meiner Kindheit kaum einen Satz mit ihr gesprochen habe.

Wie kommt es, dass ein Mensch in der Erinnerung innerhalb einer Zeitspanne von zehn Jahren immer gleich aussieht? Ich sehe die Nachbarin Frau Blum vor mir, wie sie auf ihrem ebenerdigen kleinen Vorplatz die Hortensien giesst. Frau Blum und ihre Hortensien gehörten zusammen, wie ein Paar, das sich nach Jahren des Zusammenlebens immer mehr gleicht. Wenn ich heute, bald sechzig Jahre später, Hortensien betrachte, dann erinnere ich mich an die alte Frau, die im untersten Stock unseres Sechs-Familien-Genossenschaftshauses wohnte. Dick war sie und unförmig. Die fehlende Taille verdeckte sie hinter einer **blaurosafarbenen ärmellosen Rockschürze.** Dazu passten ihre grauweissblauen Dauerwellen wunderbar. Wir Kinder mochten Frau Blum, weil sie nie ein böses Wort zu uns sagte, nicht mal dann, wenn der Ball in ihrem Hortensiengärtchen landete.
Frau Blums runder Kopf schaute oft zum Küchenfenster hinaus, wenn wir Kinder von der Schule nach Hause kamen. «Grüezi Frau Blum», sagten wir dann im Chor, und sie

lächelte freundlich. Dann schloss sie die Fenster und verschwand. Ich erinnere mich nicht, jemals etwas anderes zu ihr gesagt zu haben, ausser dieses Grüezi und das dazu gehörende Adieu.
Neben Frau Blum wohnten meine Freundinnen Susanne und Franziska. Mit Susanne ging ich in den Kindergarten und später in die Primarschule. Jeden Morgen läutete ich bei ihr an der Wohnungstür und wartete, bis sie aus dem Haus kam. Eines Tages, wir wohnten bestimmt schon zwei Jahre in diesem Haus, bemerkte ich, als ich die Wohnungstür hinter mir schloss und die Treppe hinunterrannte, ein Stöhnen und Grunzen. Ich hielt mich am Geländer fest und wagte mich nur zögernd nach unten. Vor der letzten Treppe sah ich einen alten Mann, wie er auf Frau Blums Schmutzteppich hockte, ihre Türfalle hielt und vor sich hinsabberte. Entsetzt rannte ich die Treppe hinauf und in meine Wohnung zurück.
«Vor Frau Blums Wohnungstür hockt ein Mann», schrie ich.
«Das ist Frau Blums Mann.»
«Hat Frau Blum einen Mann?» «Ja, das hat sie. Er trinkt. Und manchmal, wenn sie genug von ihm hat, lässt sie ihn nicht in die Wohnung rein», erklärte mir meine Mutter. Sie nahm mich an der Hand, und dann liefen wir gemeinsam an Herrn Blum vorbei. Draussen warteten Susanne und Franziska.
Herrn Blum sah ich in meiner Kindheit nur wenige Male, doch ich lief eine lange Zeit nicht mehr unbeschwert an der Wohnungstür von Herrn und Frau Blum vorbei. Wenn ich an Susannes Wohnungstür läutete, hoffte ich, dass sich nebenan nicht plötzlich die Türe öffnete und ein alter, dürrer Mann herauskam, der der Mann von Frau Blum sein sollte.

Pong: Blaurosafarbene ärmellose Rockschürze

Es war nicht nur die blaurosa ärmellose Rockschürze, die Hausfrauen in den Fünfzigerjahren trugen, sondern die ganze Persönlichkeit der Frau Blum, die mich sogleich in meine Kindheit katapultiert und Frau Schoch zum Leben erweckt. Die Rockschürze jedoch ist eindeutig der Schlüssel zu dieser Erinnerung

«Sie arbeitet wie ein Ross», so hatte die Freundin meiner Mutter ihr die neue Putzhilfe empfohlen, «Nippsachen und Kostbarkeiten sind bei ihrem resoluten Werken vielleicht etwas gefährdet, aber zupacken, das kann sie, und Böden wichsen und polieren, dass sie wie Spiegel glänzen.»
Meine Mutter suchte eine Reinigungskraft für die Räumlichkeiten der väterlichen Praxis. Frau Schoch, wie die robuste Perle hiess, stellte Bedingungen an die neue Arbeitsstelle. Und so kam es, dass sie nicht nur die Praxisräume putzte, sondern auch an jedem ersten Donnerstag im Monat in unserer Wohnung aufkreuzte und die grossen, alten Parkettböden polierte. Bei diesen donnerstäglichen Einsätzen ging es Frau Schoch vor allem um den ausgiebigen Zvieri und die Gespräche mit meiner Mutter. Da wurden Konfitürenbrote fingerdick bestrichen und dazu Schwarztee getrunken, mit vier Stück Zucker pro Tasse. **Bodenschrubben** braucht Kalorien. Die setzten sich trotz körperlicher Ausdauerarbeit als weiches Polster auf Frau Schochs Körper fest. Im Sommer, wenn es heiss war, trug sie eine blaurosafarbene ärmellose Rockschürze. Sie machte sich keine Gedanken über ihre dicken, delligen Oberarme, denke ich. Vielleicht aber täusche ich mich, denn Frau Schoch war immer wieder auf Diät. Doch dann, beim Zvieri mit meiner Mutter, vergass sie die

gesunden Ernährungsvorsätze. Die Brote verschwanden in Windeseile, und Tee war ungezuckert ungeniessbar. Und sie war tatsächlich ein Ross! Aber nicht nur, was das Arbeiten betraf. Unter ihrem fülligen Panzer schlug ein edles, feines Herz, grösser, treuer und differenzierter als bei jedem Rassepferd. Sie liebte Opern und besuchte die Sonntagnachmittagsvorstellungen im Opernhaus. Davon schwärmte sie beim Zvieri, der sich im Laufe der Jahre immer mehr in die Länge zog. Spannteppiche wurden über den alten Parkett gelegt, und der Staubsauger erledigte die einst mühsame Arbeit in Kürze.

Während der Adventszeit lag am ersten Donnerstag immer eine Überraschung unter dem Kopfkissen meines Betts. Der Weihnachtsengel, wie man mir erzählte. Viel später erfuhr ich, dass dieser Engel Frau Schoch hiess. Sie war sehr grosszügig und steckte uns Kindern gerne etwas zu. Ein kleines Geschenk, Selbstgebackenes, ein gutes Wort.

Irgendwann verschwand Frau Schoch aus unserem Leben. Meine Mutter suchte keine neue Putzhilfe mehr. Sie reinigte die Praxisräume selber. Wenn ich jetzt noch länger nachdenke, tauchen viele kleine Erinnerungssplitter an Frau Schoch auf. Sie sind wie Schneeflocken, die zergehen, sobald man sie mit der Hand halten will. Und so lasse ich sie fliegen, und wie ich sie fliegen lasse, verwandeln sie sich in einen gigantischen strahlenden Engel in einer ärmellosen blaurosafarbenen Rockschürze. Die dicken Arme sind zu Flügeln geworden.

Es ist heiss – ich schaue in den Spiegel und bin ganz und gar nicht zufrieden mit meinen Oberarmen, die sich wie zwei kleine Fischbäuche aus dem ärmellosen T-Shirt schälen. Blödsinn, denke ich, und recke meine Arme in die Höhe, das sind doch Flügel. Vielleicht sollte ich das neue T-Shirt mit einer ärmellosen, blaurosafarbenen Rockschürze tauschen und ich könnte abheben.

Ping: Bodenschrubben

Schon nach den ersten Zeilen ist mir klar, worüber ich schreiben will. «Bodenschrubben» ist das magische Wort, das mich nicht mehr loslässt. Darüber weiss ich Bescheid. Dieses eine Wort könnte der Anfang eines Buches über das Jahr in einem normannischen Kloster sein.

Damals, im letzten Schuljahr, nahm ich fast jede Woche einen an mich adressierten Brief mit einer französischen Briefmarke aus dem Briefkasten. Ich las ihn noch im Treppenhaus. Petra, meine Schulfreundin, verliess die Schule ein Jahr früher als ich und weilte nun in einem Kloster in der Normandie, ganz nahe am englischen Kanal. Sie schrieb über die Streiche, die sie und die anderen Suisse-jeunes-filles trieben, sie schrieb über die Nachmittage am Meer und im Meer, sie schrieb über das Klosterleben mit seinen vierhundert Schülerinnen, den Nonnen, vor allem über Mère Suso und Mère Brigitte, und sie schrieb über alte, reiche Damen, die ihren Lebensabend freiwillig hinter den Klostermauern verbrachten. Eine exotische Welt kam mir da entgegen, im Gegensatz zum letzten öden Schuljahr der dritten Sekundarschule.
Dahin wollte auch ich. Möglichst weit weg von meiner spiessigen Umgebung. Das Ausland musste es sein. Die Schweiz war mir schon lange viel zu eng, und ins Welschland gingen ohnehin alle andern Mädchen, die Französisch lernen wollten. Dass ich meine Eltern ein Jahr nicht sehen würde, machte mir nichts aus. So könnte ich den ewigen Streitereien um die ewig gleichen Themen endlich ein Ende setzen. Ich malte mir aus, was für spannende Abenteuer ich mit meinen zukünftigen fünfzehn Kolleginnen erleben würde. Der Enge der Kleinfamilie ohne Geschwister endlich entflie-

hen. Ins Klosterleben würde ich mich problemlos einfügen, davon war ich überzeugt, war meine katholische Erziehung doch schon weit fortgeschritten.

Meine Eltern waren erstaunlich schnell mit meinem Vorschlag einverstanden. Der Gedanke, mich der Obhut der Nonnen zu übergeben, musste sie beruhigt haben. So fand ich mich wenige Monate später tatsächlich im Kloster «de la Vierge fidèle» in La Delivrande. La Delivrande war zwar kein Fischerdorf, wie ich es mir gewünscht hatte, aber ein Fussmarsch von einer halben Stunde genügte, um endlich, endlich das Meer zu sehen. In Zweierreihen liefen wir an den Sonntagnachmittagen hinter Mère Suso an den Strand und netzten im Frühling unsere Füsse, und im Sommer schwammen wir im salzigen Wasser um die Wette. Ich fühlte mich wohl im Rudel meiner Kolleginnen und empfand sogar für das sprödeste Mädchen eine gewisse Sympathie. Jede Kollegin war so etwas wie eine Schwester, die Schwester, die mir im wirklichen Leben fehlte.

Füsse netzen, **Muscheln** und Schwemmholz suchen waren das eine, das andere viel Einprägsamere war die tägliche Arbeit, für die wir schliesslich im Kloster waren. Im Bereich «Ménage» – frei übersetzt hiess das putzen – gab es am meisten zu tun. Die französischen Schülerinnen, die oft ihre ganze Kindheit vom Kindergarten bis zur Matur im Kloster verbrachten und nur an einzelnen Wochenenden und in den grossen Ferien nach Hause durften, schliefen in eigenen kleinen, nur mit Vorhängen abgetrennten Zellen. Das ganze Klosterareal bestand aus Riemenböden, und die mussten zweimal im Jahr auf Hochglanz poliert werden. Das Verb «brosser» war deshalb das erste Wort, das ich sinnlich und nicht nur mit dem Kopf lernte. Wir bekamen eine Bürste, die so gross war wie unser Schuh, genau richtig zum Reinschlüpfen und Anschnallen. Mit dieser Bürste schrubbten wir Zelle um Zelle, Schlafsaal um Schlafsaal, sämtliche Böden des Klosters, ausser in den Privaträumen der Nonnen. Das ging nicht ohne Witze zu reissen und auch nicht ohne einander Liebesgeschichten zu erzählen, natürlich auf Deutsch. Französisch sprachen wir nur, wenn die Aufseherin und Betreuerin Mère Suso erschien. «Marmorstein und Eisen bricht, aber unsere Liebe nicht» wurde unser Lieblingslied. Wir sangen mit Inbrunst Strophe um Strophe, derweil wir unsere Borstenbürstenfüsse Meter um Meter stundenlang vorwärts schoben. Gelegentlich blickten wir zurück. Hinter uns glänzte der Boden. Vor uns gab es noch viel zu tun hinter den Mauern der vermeintlichen Freiheit.

Pong: Muscheln

Muscheln übten schon immer eine Faszination auf mich aus. Die Schweiz grenzt an kein Meer, und so enthalten Muscheln für mich das Geheimnis der weiten, unsichtbaren Welt. Ich will keinen Muscheltext schreiben, weil ich ahne, dass er mich mit sehr Persönlichem in Berührung bringen könnte und das will ich im Moment nicht. Doch das Wort lässt mich nicht mehr los. Zum Glück! So entsteht eine kostbare Erinnerung an meine Mutter.

Diese Erinnerung kommt aus längst vergangenen Zeiten und gleicht den Urtiefen der Meere, die schon immer da waren, vor den Alpen und vor dem Himalaya. Wie alt war ich? Dreijährig vielleicht? Vielleicht sogar jünger. Jedenfalls in einem Alter, da der Glaube noch Berge versetzt und der Grund des Meeres ein alter Bekannter ist. Sie lag auf dem nussbaumenen Buffet in einer Schale, die mit einem spitzenumhäkelten Leinentüchlein ausgelegt war. Meine Mutter besass nur wenig Nippsachen oder Wohndekos – sie war ihrer Zeit voraus und liebte die elegante Schlicht-

heit. Doch hier auf dem Buffet stand diese etwas altmodisch ausstaffierte Schale wie ein Relikt aus längst vergangenen Tagen. Und darin ruhte sie, die grau-beige, schneckenförmige Kostbarkeit, die grösser war als meine Kinderhand und mit ihrem gesprenkelten Farbmuster wie ein Stein aussah. Wenn man sie genau betrachtete und so drehte, dass sie ihren Eingang zum gewundenen Inneren preisgab, war sie kein Stein mehr, sondern ein perlmutterfarben ausgekleidetes Riesenschneckenhaus. In den wenigen Sekunden, in denen ich sie allein in meiner Hand halten durfte, staunte ich über ihr Federgewicht. Meine Mutter legte ihre grosse Hand unter meine und sicherte so das kostbare Gut. Dann legte sie das Füllhorn – wie ich später in meinem Leben ein solches mir unbekanntes Objekt am ehesten beschreiben würde – an mein Ohr, die Perlmutteröffnung fest an meine Ohrmuschel gedrückt und sagte: «Schliess die Augen, dann hörst du das Meer rauschen.»
Ich schloss meine Augen und hörte ein Brausen und Tosen. Da war das Meer, das ich noch nie gesehen hatte. Da waren die **Wellen, die zu meinen Füssen heranrollten** und sich wieder zurückzogen. Da war ein Rauschen und Singen. Da war das uferlose unendliche Wasser. Und ich mittendrin. «Das ist eine Muschel aus dem Meer», hörte ich die Stimme meiner Mutter zwischen dem hohen Wellengang. «Sie hat das Meer in ihrem Inneren bewahrt und lässt es rauschen für alle Kinder, die zuhören können.» Ich war stolz: Ich war ein Kind, das das Meer rauschen hörte, ein Auserwähltes, eines, das zuhören konnte. Ich war aber auch etwas verängstigt. Was waren das für Kräfte in diesem Schneckenhaus, für perlmutterverbrämte Tiefen? Was hatte die Welt noch im Köcher, dem ich unweigerlich ausgeliefert war?
Jahre später erfuhr ich im Biologieunterricht, was es mit dem angeblichen Meeresrauschen und der Muschel am Ohr auf sich hatte. Mein eigener Blutkreislauf sei es, den ich durch den Hohlraum der Muschel gehört hatte, nichts anderes als

mein eigenes Blut, das durch meine Adern strömte und das gleiche Geräusch fabrizierte, wie das Rauschen des endlosen Ozeans. Ich glaubte dem Lehrer und lernte die Lektion. Jahrzehnte später räumte ich die letzten Dinge meiner Mutter weg und fand eine kleine Schachtel mit seltenen, wunderschön geformten Muscheln. Aus mir bis anhin unerklärlichen Gründen bedeuteten sie mir mehr als der Schmuck, den mir meine Mutter vererbt hatte. Die grosse Schneckenmuschel lag nicht dabei – sie ist im Meer der Erinnerung versunken und lebt nach ihren Wellengesetzen, die nur der Schreibfluss erschliesst.

Ping: Wellen, die zu meinen Füssen heranrollten

Das Wort «Wellen» löst eine Kindheitserinnerung aus, die jeden Sommer, wenn ich heute im Zürichsee schwimmen gehe, als Bild kurz auftaucht. Da ich es immer noch klar vor mir sehe, fällt mir die Auswahl dieser Momentaufnahme leicht. Zudem ist es auch eine frühe schöne Kindheitserinnerung, die mich mit meiner Mutter verbindet.

Damals, in den Fünfzigerjahren, hatte die Sonne den Ruf einer Heilerin. Meine Mutter glaubte daran und verehrte sie. Sie schneiderte mir das knappste Badehöschen, das nur gerade meine Scham bedeckte und Hüfte und Bauch frei liess. In den Sommermonaten vor meiner Kindergartenzeit fand man uns fast jeden Tag in der grössten Badeanstalt am Zürichsee. Wir breiteten unsere **Wolldecke** immer zuvorderst auf der Wiese aus, mit Sicht auf den Sand und das Wasser. Brot, Früchte und kalten Tee liessen wir für später in der Badetasche. Doch den roten Plastikkessel, die Schaufel und die farbigen Förmchen brauchte ich sofort. Sandberge,

Sandburgen und Sandtunnels entstanden und vergingen, genau so, wie die Wellen, die heranrollten und zurückwichen. Ich vertiefte mich in das Spiel, das Erwachsene das Zen-Spiel nennen, mit einer Selbstverständlichkeit, wie es nur kleinen Kindern eigen ist, die in der unmittelbaren Gegenwart leben.

Da ich noch nicht schwimmen konnte, gehörte auch ein Schwimmring aus Plastik zu den Utensilien, die Mutter in der Badetasche mitschleppte. Sie blies ihn auf, ich schlüpfte hinein, und los gings, den Wellen entgegen. Noch schöner war es, wenn Mutter mich ins Wasser begleitete. Ich wagte mich an ihrer Hand so weit hinaus, bis das Wasser meine Brust bedeckte. Dann nahm sie mich auf den Arm und schritt noch ein paar wenige Schritte hinaus auf die nächsten Wellen zu. Ich setzte mich auf ihre Schenkel, umschlang ihren Hals mit meinen Armen, und wir wippten mit den Wellen auf und ab. Das Wasser spritzte uns ins Gesicht, wenn eine besonders hohe Welle auf uns zustürzte, bevor sie sich aufs Ufer hin bewegte und zur Ruhe kam. Ich schrie vor Glück, vor Erwartung und vor Lust. Ich wusste, dass meine Mutter schwimmen konnte und dass sie mich retten würde, was immer auch geschähe. Ich schlang meine Arme noch fester um ihren Hals, und sie machte noch ein paar wenige Schritte auf die Wellen zu, die das Passagierschiff, das weiter vorne an uns vorbeigefahren war, hinter sich liess. Wir tanzten mit ihnen den Wassertanz, auf und ab, auf und ab, auf und ab. Ich kreischte und lachte und wünschte, dieser Zauber möge ewig dauern.

Pong: Wolldecke

«Wolldecke» – das ist das Wort. Es wirft mich in eine Zeit zurück, die ich längst vergessen habe. Sicher spielt auch der Inhalt des erhaltenen Pings eine Rolle. Der Besuch bei meiner Grossmutter zieht wie ein Film an mir vorbei, ich brauche diese Bilder nur noch aufzuschreiben.

Jeden zweiten Sonntag fuhren wir auf der alten **Kantonsstrasse von Winterthur** nach Zürich. Mein Vater am Steuer, die Mutter neben ihm und wir zwei Mädchen hinten im Fond. Kaum hatten wir die Winterthurer Stadtgrenze verlassen, drückte mein Vater das Gaspedal, und es schien mir, wir flögen über den Asphalt. Die Gärtnerei Haggenmacher verschwand hinter der langgezogenen Kurve. Schon zeigten sich die Schlote der Maggifabrik und es roch nach dem bekannten Tafelgewürz. Mein Vater drosselte die Geschwindigkeit. Wir tuckerten an dem Fabrikgebäude vorbei. Meine Schwester kämpfte mit dem Brechreiz, ich hingegen genoss die brausende Fahrt. Das alte Auto schepperte und klapperte. Die Strasse war spärlich befahren. Nur hin und wieder zeigte sich ein Vehikel, das mein Vater mit grösster Konzentration überholte. Er konnte es nicht ertragen, hinter einem Wagen herzufahren. Er brauchte den Überblick auf die Fahrbahn. Am meisten ärgerte er sich, wenn zwei bis drei Autos hintereinander vor ihm herfuhren. «Es gibt nichts Unerträglicheres als das Kolonnenfahren», kommentierte er seine halsbrecherischen Überholmanöver. Meine Mutter versuchte, uns mit Singen und Spielen abzulenken. Tagelswangen, Effretikon, Wallisellen und wie sie alle hiessen, die Dörfer, die wir hinter uns liessen, um endlich in Zürich anzukommen. Dann fuhren wir dem See entlang nach Wollisho-

fen zur Speerstrasse. Dort wohnten meine Tante und meine Grossmutter.
Meine Tante war Gemeindeschwester und trug eine strenge Tracht. Ihr angegrautes Haar war zu einem Knoten hochgesteckt. Sie war die Patin meiner Schwester und das war für mich so in Ordnung. Ich wurde kaum bemerkt. Auch das war in Ordnung. Denn ich wollte zu meiner Grossmutter.
Ihr silbergraues Haar war zu einem dünnen Zopf geflochten und mit bernsteinfarbenen Haarklammern sanft am Hinterkopf befestigt worden. Sie hatte feine Gesichtszüge und schien für mich wie aus Porzellan. Sorgfältig drapiert sass sie auf dem Sofa in der Ecke. Die rechte Hand lag unter der aus Mohairwolle gehäkelten, altrosafarbenen Wolldecke, die auch ihre Beine bedeckte. Sie sass da und schaute und lächelte und legte mit der linken Hand das Buch, das sie am Lesen war, zur Seite. Wir begrüssten sie und tranken Tee. Dazu gab es Kuchen. Mein Vater vermisste ein Glas Wein, doch die Besuche am Sonntagnachmittag liefen immer nach dem gleichen Schema ab. In Wollishofen gab es keinen Wein. Meist verabschiedete sich meine Tante kurz nach unserer Ankunft. Als Gemeindeschwester hatte sie zu tun, auch an einem Sonntagnachmittag. Irgendwann kam sie wieder zurück und war einfach wieder da, wie wenn sie nie fort gewesen wäre. Die Uhr tickte, das Gespräch plätscherte dahin, bis es an der Zeit war, sich zu verabschieden. Mit der linken Hand nahm meine Grossmutter zwei Tafeln Schokolade aus der Schublade des kleinen antiken Kästchens, das neben ihrem Sofa lag und lächelte. Sie drückte mir und meiner Schwester die Süssigkeit in die Hand.
Damals war es noch nicht üblich, sich mit Küssen zu verabschieden. So drückten wir mit unserer rechten Kinderhand ihre Linke, an deren Ringfinger zwei rotgoldene Ringe steckten. Jedes Mal war ich erstaunt, wie warm und lebendig ihre Hand war. Hin und wieder brachte mein Vater meine Grossmutter zum Lachen. Doch meistens sass sie ganz ruhig

da und hörte zu. Ich bin sicher, sie freute sich über unseren Besuch. Sprechen und gehen konnte sie nicht. Doch das war für mich kein Problem. Das war die Zürcher Grossmutter und die war so. Manchmal kam sie zu uns nach Winterthur in die Ferien. Dann war sie auf das Sofa in unserer Stube gebettet. Die weiche Wolldecke kam mit und mit ihr eine leichte, wehmütige Traurigkeit, die sich in unseren Räumen ausbreitete. Ich war froh, wenn diese Tage vorbei waren und die Welt wieder in den gewohnten Bahnen lief, und wir jeden zweiten Sonntag nach Zürich fuhren.

Ping: Kantonsstrasse nach Winterthur

Vielleicht flitzte meine Schreibpartnerin mit ihrer Familie genau zur selben Zeit mit dem Auto an meiner Wohnung vorbei, wenn ich damals als Kind zum Fenster rausschaute.

Wie eine Mauer umsäumten die Wohnhäuser der Genossenschaftssiedlung die Kantonsstrasse nach Winterthur. Zwischen Strasse und Siedlung zwängten sich ein Fahrradweg sowie ein Trottoir, auf dem Passanten unter Ahornbäumen auf dem Weg zu den Einkaufsläden waren. Auf den Vorplätzen der Siedlung führten Zugehwege direkt zu den Haustüren. Die Kantonsstrasse hiess Ueberlandstrasse, fuhren doch die Autos übers Land, von Zürich-Schwamendingen, wo ich zu Hause war, bis nach Winterthur, ja, sogar bis nach St. Gallen. Auf der anderen Seite der Strasse befanden sich einzelne Häuser sowie der Milchladen des Quartiers. Mit dem Milchkesseli in der Hand stand ich oft am Strassenrand, schaute kurz nach links und dann nach rechts, um dann zügig über die Strasse zu gehen, direkt auf den Milchladen der Familie Habegger zu.

Die Ueberlandstrasse gehörte zu meiner Kindheit wie für die Dorfkinder der Dorfbrunnen. Allerdings kannten wir die Familien auf der anderen Strassenseite nicht. Das waren die Unbekannten, die ebenfalls im Milchladen Schlange standen. Auf der anderen Strassenseite gingen die Kinder in eine andere Schule und spielten mit anderen Kindern. Aber wir von der Siedlung, wir kannten uns. Wir waren die Ueberlandstrassen-Kinder der Genossenschaftssiedlung Süd-Ost. Der kleine Vorplatz vor der Strasse war für uns Kinder tabu. Obwohl in den Fünfzigerjahren noch keine Autoschlangen die Kantonsstrasse verstopften, erlaubte keine Mutter, dass wir uns hier aufhielten. Dafür waren die Wiesen und Wege hinter dem Haus für Ballspiele, Rollschuhlaufen und Versteckspiele bestimmt. Diese Wiesenflächen und Spazierwege waren bei schönem Wetter mein Zuhause. Regnete es, verbrachte ich viele Stunden in der Nähe meiner Mutter. Sehr gerne in der Küche. Und noch lieber am Fenster mit Blick auf die Ueberlandstrasse hinunter. Dann stieg ich auf die Konsole neben dem Schüttstein hinauf, öffnete oben links das kleine Guckfensterchen, streckte meinen Kopf hinaus und sah vom zweiten Stock direkt auf die Kantonsstrasse hinunter. «Ich zähle die roten Autos», erklärte ich meiner Mutter, oder «Ich sag dir immer, wenn ein **VW-Käfer** vorbeifährt.» Das war die einzige Automarke, die ich kannte. So unterhielt ich mich mit ihr, während sie in den Kochtöpfen rührte. Wenn ich Pech hatte, stand das Essen auf dem Tisch, bevor ich auch nur eines meiner Lieblingsautos zu Gesicht bekommen hatte.

Pong: VW-Käfer

Meine Beziehung zu Autos ist zwiespältig. Und wie es so ist mit Zwiespältigkeiten im Leben, sie lassen einen nicht los. So kann ich nicht anders, als beim Thema Auto zu bleiben. Der VW-Käfer ist der Schlüssel zu meinem Pong.

Meine Autokarriere umfasst drei Vehikel: Im Sturm und Drang der Jugendjahre fuhr ich einen weissen Mini. Während meiner Wanderjahre im südlichen Afrika begleitete mich ein VW-Käfer. Dann war ich eine lange Zeit Zweitbenützerin des Familienautos. Doch das zählt nicht. Der rote Nissan Micra jedoch schon. Den habe ich nach der Familienpause mit dem ersten wieder selber verdienten Geld angeschafft. Und dieses Fahrzeug diente mir bis zum Ende meiner Zeit am Steuer eines Motorfahrzeugs. Heute bin ich glücklich, wenn mich das öffentliche Verkehrsmittel transportiert. Ich bin im Grunde genommen keine Autofahrerin und wundere mich, dass ich doch auf diese beachtliche Karriere zurückblicken kann. Drei Autos, die im Strassenverkehrsamt auf meinen Namen eingetragen waren. Das ist doch eine Leistung. Wenn ich heute **im Zug durch die Gegend gleite,** mich im Sessel bequem zurücklehne und die Autoschlangen vor den geschlossenen Barrieren sehe, staune ich über mich, dass ich diese Karriere überhaupt ins Auge gefasst habe. Aber so wird es vermutlich auch Marcel Ospel gehen, wenn er an einem Bankschalter steht und den Pincode vergessen hat. Der Höhepunkt meiner Laufbahn war der VW-Käfer. Er war uralt und früher einmal weiss. In der Schweiz wäre er nie mehr zugelassen worden, aber in Afrika war dieses Auto ein Luxusmodell. Es glich aufs Haar seinem Filmkollegen «Herbie», dem fliegenden Auto. Öffentliche Verkehrsmittel oder Busse waren kaum vorhanden. Der VW-Käfer war also unentbehrlich. Mit Hund und Baby auf dem Rücksitz bewegte ich mich durch den Alltag, transportiert vom hotternden und stotternden weissen Käfer. Ich atmete jeweils auf, wenn meine Ausflüge ohne Verlust über die Bühne gegangen waren. Dass hin und wieder eine Schraube auf der Strasse landete, daran gewöhnte ich mich. Weil – oh Wunder – das Autor trotzdem weiterfuhr. Es klapperte vielleicht einen Ton schräger, und der Hund spitzte die Ohren. Das Baby aber, das nuckelte und schlief selig.

Einmal wurde die Situation doch etwas dramatisch. Ich fuhr auf der Überlandstrasse und wollte zur Autobahn. Da knallte es hinter mir. Ich glaubte an eine Schiesserei in meinem Rücken. Zum Glück nicht. Dafür überholte mich auf der linken Spur mein Hinterreifen. Der hatte die letzte Kurve nicht mehr heil überstanden und war abgesprungen. Zu meinem Erstaunen fuhr der VW-Käfer auch mit drei Rädern weiter, wenigstens bis zur nächsten Tankstelle. Dort bellte der Hund, das Baby schrie, und ich hatte eine Vision: Ich sah mich auf einem blau bezogenen Plüschsessel ruhig und gelassen durch die Gegend gleiten und eine sonore Baritonstimme wandte sich mir zu mit den zwei Wörtern «Billett bitte».

«Madam, are you okay?» Die Vision verschwand. Ein besorgter Garagist stand vor mir und sagte: «Don't worry, das kriegen wir wieder hin. Sie scheinen etwas unter Schock zu stehen.» Von wegen! Ich hatte eine Vision, und wie sich viel später in meinem Leben herausstellte, eine Vision, die sich erfüllte. Der VW-Käfer wurde repariert, der Hund mit einem Knochen beruhigt, und das Baby war wieder eingeschlafen. Am späten Nachmittag war mein Käfer soweit hergestellt, dass ich auf vier Rädern nach Hause fahren konnte.

Wie es so ist mit Karrieren, die Sprünge kommen unverhofft. Wir verliessen Afrika, und mit dem Wegzug verabschiedete ich mich vom Auto Nummer zwei, um nach einem Karriereknick mit dem roten Nissan Micra durchzustarten.

Dieser war einiges gesellschaftsfähiger und zuverlässiger als der «Weisse Käfer», doch hatte ich niemals diese emotionale Bindung zu meinem neuen Fahrzeug. Aber auch das ist typisch für eine Karriere. Die Emotionen bleiben oft auf der Strecke und gehen auf Kosten des sozialen Ansehens. Und nun muss ich Sie verlassen, damit ich meinen Anschluss nicht verpasse. Auch nach einer Karriere will man ja noch am Zuge sein, das ist menschlich, nicht?

Ping: Im Zug durch die Gegend gleiten

Statt Autogeschichten sind es Zuggeschichten, die bilderreich durch mein Gehirn sausen. An die eine erinnere ich mich noch gut, weil das Erlebnis immer mit einem Kribbeln verbunden war. Natürlich habe ich das eine oder andere Szenenbild mit meiner Fantasie ausgeschmückt, aber das Schlüsselerlebnis, das Kribbeln im Bauch, war so stark, als hätte ich es erst gestern erlebt.

Meine Eltern waren Freizeit-Zugreisende. Wohin wir auch fuhren, wir reisten mit dem Zug oder mit dem Postauto. Das kam nicht oft vor. Doch immer dann, wenn wir unsere Verwandten im Rheintal besuchten oder die Ferien in den Bergen verbrachten. Zeitig standen wir dann am Hauptbahnhof in Zürich und suchten auf dem im Sonnenlicht gleissenden Geleisewirrwarr unseren Zug. Rollte er im Schritttempo an uns vorbei, dann war mein Vater nicht mehr zu bremsen. Er spurtete in Fahrtrichtung auf die am nächsten stehende Zugstür vor uns und öffnete sie, noch während sich der Zug die letzten Meter zum Sackbahnhof hinbewegte. Dann schwang sich Vater mit einem eleganten Hüftsprung aufs Trittbrett, so wie er das einst als junger Kondukteur bei

der Appenzeller-**Heiden**-Bahn gelernt hatte. Er setzte sich immer als Erster in ein Viererabteil in die Mitte des Waggons und wartete auf unser Kommen. Meine Mutter und ich liessen die anderen Reisenden grosszügig an uns vorbeidrängeln, hatten wir doch einen Platz auf sicher. «Sollte es ein Zugsunglück geben», erklärte er mehr als einmal, «dann gefährden sich die Reisenden in den Abteilen ganz vorne oder ganz hinten des Waggons. Wir aber mit den Sitzplätzen in der Mitte sind da viel sicherer.» Es gab eine Zeit, da sass ich während der Zugsfahrt in Fahrtrichtung stolz neben meinem Vater am Fensterplatz, und es gab eine Zeit, da hätte ich mich am liebsten allein in das Zugsabteil ganz vorne oder hinten gesetzt.
Hatten wir unsere Koffer und Taschen in der Ablage über uns verstaut, dann schaute Vater auf die Bahnhofsuhr und bemerkte, dass der Zug erst in fünf Minuten abfahren würde. «Das reicht für eine Zeitung am Kiosk», und schon sah ich ihn draussen am Bahnsteig vorbeieilen. Er liess meiner Mutter keine Zeit für ein «Aber...». Ich erinnere mich – als sei es gestern gewesen – an die Spannung im ganzen Körper, wenn der Zeiger nur noch eine Minute übrig liess bis zum Abfahrtspfiff des Kondukteurs und dem anschliessenden Türezuknallen. Auch wenn der Zug bereits aus dem Bahnhof rollte, Vater schaffte es immer. Sekunden später sass er strahlend neben mir und breitete die Zeitung aus. Mutters Kommentar: «Hättest mir wirklich vorher die Billette geben sollen», ging in der Berichterstattung des Tages-Anzeigers unter.

Pong: Heiden

Ich muss nicht lang überlegen, Heiden ist Zündstoff genug, um mich auf das Abenteuer dieser Erinnerung einzulassen. Ein Stück Familiengeschichte, ein Stück früheste Kindheit.

Wo Heiden lag? Ich hatte keine Ahnung. Es war am Ende der Welt. Es war dort, wo sich Fuchs und Hase gute Nacht sagen, und dem man keine Träne nachweinte. Manchmal erzählte meine Mutter von Heiden, einfach so, ohne grosse Gefühle. Ihre Eltern hatten dort ein Haus besessen, vermutlich ein Ferienhaus.

Heiden war mir suspekt. Wer waren die Bewohner von Heiden, fragte ich mich in meinem stillen Kämmerlein. Mir grauste bei diesem Gedanken. Vor allem die Vorstellung, dass meine frommen Grosseltern unter diesen Heiden gelebt haben sollten, jagte mir Angst ein. Ich wusste aus der **Kinderbibel,** was alles Schreckliches mit den Heiden geschah. Den Text konnte ich noch nicht entziffern, aber die Bilder sprachen für sich. Da waren Männer mit Muskeln wie Schinkenpakete, mit Bärten, wie ich sie noch nie an einem lebendigen Mann gesehen hatte, und mit feurigen Augen, die mich bis in die Träume verfolgten. Über ihnen im Himmel der liebe Gott, der einen noch längeren Bart trug und Blitz und Donner sandte. Und der Jesus, der war so feingliedrig und von zarter Gestalt, dass ich mich fragte, wie er sich gegen solche Muskelmassen wehren konnte.

Es war ganz einfach, wer gut und wer böse war. Die mit dem goldkolorierten Kreis um den Kopf, das waren die Guten, die anderen die Bösen. Das waren immer die mit den Muskelpaketen. Beim Betrachten dieser Bilder war mir jedoch nie ganz klar, wer denn nun Heide war und wer nicht, und ob es

bei den Heiden auch Gute und Böse gab. Meine Grosseltern waren aus Winterthur, doch auch hin und wieder in Heiden, und sie trugen keinen goldenen Kreis um den Kopf. Das war alles sehr undurchsichtig und schon nicht ganz geheuer.
Es existierte nur eine einzige Fotografie vom Heidener Haus. Die war im Familienfotoalbum eingeklebt. Das Bild zeigte eines dieser dörflichen Häuser, unspektakulär und mit überhaupt nichts Unheimlichem an sich. Wir schauten oft die Fotografien im Album an. Meine Mutter liebte es, uns dazu die passenden Verwandtengeschichten zu erzählen. Doch beim Heidener Haus sagte sie nur kurz und trocken: «Das war das Haus in Heiden.» Täuschte ich mich oder war da ein Unterton in ihrer Stimme? Ein Ton, wie wenn es Heiden im Grunde genommen gar nicht gab. Ich war damit zufrieden. Das Tabu war akzeptiert.
Es war für mich eines dieser Schlüsselerlebnisse, die zum Abschied der Kindheit gehörten, als ich ein paar Jahre später erfuhr, dass Heiden ein hundskommunes Appenzellerdorf mit Erholungspotenzial war. Der Schock sass etwa gleich tief wie bei der Feststellung, dass mein Vater und meine Mutter zwei Mal im Leben praktizierten, was mir meine Schulfreundin unter dem Siegel der Verschwiegenheit an sexueller Aufklärung vermittelte.
Der Tabubruch war ein irreparabler Riss in meiner Vorstellungswelt. Das neu entdeckte Heiden war nicht das Heiden meiner Kindheit. Das neue Heiden war schal und kraftlos, ein unbekanntes Dorf auf der Schweizerkarte, das mich nicht interessierte. Das andere Heiden am Ende der Welt aber wurde zum Heiden meiner dunklen, unerforschten Seelenlandschaft. Und noch heute, wenn ich auf der Autobahn die Voranzeigetafel mit der Ausfahrt «Heiden» sehe, hält mein Herzschlag kurz inne, und ich frage mich, ob ich auf der richtigen Spur bin.

Ping: Kinderbibel

Noch während des Lesens beim letzten Pong bleibe ich beim Wort «Kinderbibel» stecken. Ich bekam von meinen Grosseltern eine Bibel auf die Erste Heilige Kommunion geschenkt. Und schon ist das Thema meiner Geschichte im Kopf.

Wenn wir fünf Schüler kurz vor dem Vier-Uhr-Läuten von unserem Klassenlehrer aufgerufen wurden, ins Nachbarschulhaus in den Religionsunterricht zu gehen, wäre ich viel lieber mit den anderen rund dreissig protestantischen Schülern sitzen geblieben. Auch wenn ich nicht alleine das Schulzimmer verlassen musste, fühlte ich mich trotzdem als Aussenseiterin. Der Pfarrer wartete bereits auf uns, und so spurteten wir mit dem Katechismus im Schulthek ins nächste Schulhaus. Der Katechismus war ein Buch mit sieben Siegeln. Alle fett gedruckten Sätze mussten wir Woche für Woche auswendig lernen. Ich lernte sie, ohne zu begreifen. Wer von meinen Mitschülern die **katholischen Leitsätze** nicht im Kopf behalten konnte, musste in die Ecke stehen oder noch schlimmer, der Pfarrer drohte mit dem Ausschluss von der Ersten Heiligen Kommunion.
Doch niemand wurde ausgeschlossen, als der grosse Tag nahte. Und er kam ganz plötzlich. Da läutete es am Morgen an der Wohnungstür und herein kam meine Patin mit ihrer Familie. Scheu trat ich auf sie zu. Mit dem bodenlangen weissen Rüschenkleid, der Taufkerze in der einen und dem Rosenkranz in der anderen Hand, fühlte ich mich wie eine königliche Puppe. Der weisse Schleier bedeckte meine Locken, die mir Mutter eigens für diesen Tag mit der Brennschere hervorgezaubert hatte. So stand ich auf dem Flur und begrüsste nun auch meine Grosseltern mütterlicherseits.

Grossvaters Eau de Cologne rochen wir schon im Treppenhaus und die korpulente Grossmutter in ihrem Seidenkleid wirkte fast so festlich wie ich. Als nun auch noch die Grosseltern aus dem fernen Rheintal eintrafen, die noch gar nie bei uns zu Besuch waren, wurde mir ganz flau im Magen. Natürlich hatte ich weder gegessen noch getrunken. Vor der Kommunion musste man nüchtern sein, das stand fettgedruckt im Katechismus und galt nicht nur für mich als Erstkommunikantin, sondern für alle Gläubigen, welche die Kommunion empfangen wollten. Meine Grossmutter litt unter diesem Gebot, musste sie doch ihr tägliches Kopfweh mit einem Pulver in Schach halten und dazu Wasser trinken. Sie ging nie zur Kommunion.
So machten wir uns auf den Weg zur Herz Jesu Kirche in Oerlikon. In allen vier Himmelsrichtungen sahen wir weisse Punkte, die sich als meine Kolleginnen entpuppten. Ich atmete auf. Nun war ich nicht mehr allein. Mein Vater verteilte vor der Kirche die Platzkarten an die Verwandten, und ich lief in den Kirchgemeindesaal. Der Vikar forderte uns nochmals auf, in der nun folgenden Prozession in die Kirche die Taufkerze gerade in der Hand und ja nicht zu nahe am Schleier zu halten. Dabei schaute er uns Mädchen streng an. Die Buben in Anzug und Hosen hatten es viel einfacher. Sie konnten gemessenen Schrittes die Treppe zur Kirche hinaufsteigen, während wir mit der einen freien Hand auch noch den Saum unseres Kleides nach oben ziehen mussten. Kaum waren wir in der Kirche, füllte die Orgel den Raum mit ihrem Spiel bis zur hintersten Reihe. Wie auf Kommando standen die Gläubigen auf und blickten uns entgegen. Ich schritt wie in Trance hinter meiner Schulkollegin, die mir ganz fremd vorkam, und wir setzten uns links in die drittvorderste Reihe. Der Bub, der auf dem Mittelgang neben mir geschritten war, verschwand rechts in der drittvordersten Reihe. Wir wussten, wann wir stehen, knien, sitzen und die Hände falten mussten. Das hatten wir schon vor Wochen geübt. Und ausserdem

nahm ich, seit ich mich erinnern kann, Sonntag für Sonntag an der Heiligen Messe teil und kannte deshalb die rituellen Handlungen des Priesters und der Gläubigen auswendig.
Doch heute, heute durfte ich und die anderen siebzig Erstkommunikanten zum ersten Mal den Leib Christi empfangen. Das kleine runde Weisse, das der Priester nun aus dem Kelch nahm und in die Höhe hielt, sah wirklich wie Haut aus. War das der Leib Christi? Im Religionsunterricht hätte ich mir lieber die Zunge abgebissen, als diese Frage gestellt. Nicht mal meine Mutter getraute ich zu fragen. Meine Eltern, Grosseltern, Tanten und Onkel gingen Sonntag für Sonntag in die Kirche und zur Heiligen Kommunion. Niemand stellte die Worte des Priesters infrage, wenn er sich vom Altar dem Volk zuwandte und sagte: «Dies ist der Leib Christi, der für euch gestorben ist.»
Dieses weisse Ding – ich kannte den Ausdruck «Oblate» noch nicht – war nicht so schlimm, wie ich es mir vorgestellt hatte. Es war ganz zart und schmolz sofort auf der Zunge. Ich kniete vor dem Altar. Nachdem der Priester «der Leib Christi» gesagt und ich mit «Amen» geantwortet hatte, bekam ich ihn das erste Mal auf die Zunge gelegt, den Leib Christi.

Pong: Katholische Leitsätze

Und schon sind wir mit unserem Ping Pong mittendrin in den konfessionsgebundenen Prägungen unserer Kindheit. Katholische Leitsätze – das ist der Begriff, der Tante Rosa aus der Versenkung holt. Ohne diesen Impuls aus dem erhaltenen Ping hätte ich mich vermutlich nie mehr an folgende Geschichte erinnert und diese Hommage an meine Grosstante wäre nie geschrieben worden.

In den Fünfziger- und Sechzigerjahren des letzten Jahrhunderts war Winterthur eine durch und durch protestantische Stadt. Katholisch waren die Fremdarbeiter aus dem tiefsten Süden Europas mit ihrer unverständlichen Sprache, die paar wenigen Familien, die ihre Kinder zum Religionsunterricht in ein anderes Schulhaus schickten und Tante Rosa. Sie war konvertiert, was immer das auch heissen sollte. Und sie war die ledige Tante meines Vaters, die jeden Freitag zu uns nach Hause kam, um Näharbeiten zu erledigen und die mit mir und meiner Schwester Eile-mit-Weile spielte.
Am Freitag gab es Frucht- und Käsewähe. Denn Katholiken essen an Freitagen kein **Fleisch.** Mein Vater ergänzte dieses an Tante Rosa angepasste Mittagessen mit einer fetten Bauernwurst für sich. Über Religion wurde nicht gesprochen, bis uns eines Tages Tante Rosa in die Regeln der katholischen Leitsätze einführte: «Also, es ist ja schon so, wir Katholiken essen am Freitag kein Fleisch. Sind wir aber eingeladen, und es wird Fleisch serviert, dürfen wir dieses aus Nächstenliebe unseren Gastgebern gegenüber nicht refüsieren. Dann ist es erlaubt, ja sogar eine Pflicht, das aufgetischte Fleisch zu essen.» Seither gab es an Freitagen Rindsbraten, und die Fruchtwähe wurde zum Nachtisch gereicht. Die fette Bauernwurst war vom Speisezettel verschwunden. Tante Rosa wohnte mit Fräulein Baumgartner in einer alten Mietwohnung in Sichtnähe zur katholischen Kirche. Die beiden Frauen kleideten an hohen Feiertagen die Ministranten ein. Sie waren zudem zuständig für die Messgewänder und Soutanen. Diese Bezeichnungen kannte ich damals noch nicht. Ich wusste nur, dass Tante Rosa mit glänzenden, kostbaren Stoffen zu tun hatte, die irgendwie einen suspekt-mysteriösen Anstrich hatten. Und über allem hing ein Duft von gebratenem Huhn und Weihrauch.
Tante Rosa briet Poulet, wenn sie uns an Weihnachten einlud. Dann war ihre Wohnpartnerin bei ihren Verwandten, und Tante Rosa lackierte sich die Fingernägel rosa. Einmal,

da kam das Fräulein Baumgartner unverhofft früher aus dem Weihnachtsurlaub zurück. Tante Rosa wurde kreidebleich. In einer erstaunlich flinken Aktion, wie die gutbürgerliche Ehefrau, die beim unverhofften Auftritt ihres Ehemanns den jungen Geliebten im Kleiderschrank verschwinden lässt, entledigte sie sich des verführerischen Nagelanstrichs. Fräulein Baumgartner lebte die katholischen Leitsätze wortgetreu und gestreng und überwachte abtrünnige Schafe. Überall lauerte der Teufel, auch im Nagellack.

Tante Rosa sah dies alles etwas lockerer. Sie genoss, wo es zu geniessen gab, und knöpfte den Rock enger, wenns zu sparen galt. Sie liess mich im Eile-mit-Weile gewinnen und rettete den ersten grossen Eklat bei der Auseinandersetzung um die neue Badehose: Einteiler oder Bikini. Meine Mutter: «Also, so etwas tragt ihr nicht, das kommt mir nicht ins Haus. Wollt ihr denn so billig herumlaufen.» Meine Schwester und ich (ausnahmsweise einstimmig): «Alle in unserer Klasse tragen einen! Nur die katholischen Mädchen kommen noch im Einteiler.»

Wir hofften, dieses einschlagende Argument wirke, denn sicher wollte unsere Mutter nicht, dass die Leute denken würden, wir seien katholisch. Meine Mutter: «Nichts da. Ihr werdet weiterhin Einteiler tragen.» Tante Rosa: «Aber das ist doch bequemer, wenns heiss ist und der Bauch etwas Luft bekommt. Wäre ich noch jung, würde ich auch so eine moderne zweiteilige Badehose tragen. Und sie ist erst noch günstiger, braucht weniger Stoff.» Meine Mutter kapitulierte. Tante Rosa wurde alt, starb friedlich und soll ein Denkmal erhalten – als lobenswertes Beispiel gelebter Ökumene nach katholischen Leitsätzen und als Vorkämpferin zeitgemässer Bademode. Oder wie wärs mit einer neuen, leicht zu entfernenden Nagellackkreation auf den Namen «Zia Rosa» – weil sie es sich wert ist.

Ping: Fleisch

Verschwommene Erinnerungen tauchen auf, als ich das Wort «Fleisch» lese. Das hat zu tun mit Vaters und Mutters Essgewohnheiten. Und die nehmen nun mal einen grossen Stellenwert ein – auch in einer Kleinfamilie.

Meinem Vater schmeckte der Sonntagsbraten nur, wenn er als Insel in der Bratensauce schwamm. Beim Schöpfen fischten wir Selleriestücke, Karotten und Brotscheiben heraus, die aussahen wie braune Schwämme. Das warme aufgeweichte braune Brot war für Vater bestimmt. Er hasste faseriges, kompaktes Fleisch. Zwar liebte er den Duft des Sonntagbratens, der bis ins Schlafzimmer drang, und wahrscheinlich auch das Ritual eines sonntäglichen Essens. Ich bekam jeweils auch ein Stück Saucenbrot. Ich schätzte es, genau so wie mein Vater, nur hätte ich am liebsten die Rinde weggeschnitten. Sie war in meinem Mund zu kompakt und passte nicht zum samtweichen «pflotschigen» Saucenschwamm. Zusammen mit den Sonntagskleidern, dem Kirchenbesuch und dem Spaziergang nach dem Essen gehörte der Braten zu einer perfekten Synergie.
Selten gingen wir auswärts essen. Regelmässig aber am Muttertag. Meine Eltern luden jeweils die Eltern meiner Mutter ein. Das Restaurant, das infrage kam, war berühmt für seine grosszügigen Fleischportionen. Ein gutes Restaurant war für meine Eltern und Grosseltern mit einer grosszügigen Portion Fleisch auf dem Teller gekoppelt. Das fand auch mein Vater, obwohl auf dem Muttertags-Speisezettel fette Bauernwürste, Gnagi und **Adrios** fehlten. Nicht mal einen Hackbraten bot das Restaurant an. Das waren nämlich genau die Fleischspeisen, die er liebte.

Bevor ein Minischälchen Salat auf den Tisch kam, nahm meine Grossmutter die goldene Kette aus der Handtasche, legte sie um den Hals und befestigte die Serviette daran. Das sah wie ein Kinderlätzchen aus. Am liebsten hätte ich Grossmutter an einen anderen Tisch gesetzt, so schämte ich mich. Der Hauptgang bestand zur Hauptsache aus einem grossen Brocken Fleisch, Teigwaren oder Kartoffeln und einem Häppchen Gemüse als Garnitur. Das Fleisch wurde von niemandem aufgegessen. Nicht mal meine korpulenten Grosseltern, die deftiges Essen liebten, schafften das. Von früheren Muttertags-auswärts-Essen wusste ich, was nun kommen würde: Grossmutter rief die Serviertochter herbei, zeigte auf die übrig gebliebenen Fleischstücke und verlangte, dass sie eingesammelt und flüssigkeitsdicht verpackt werden. Mir wurde nochmals heiss um die Ohren und meine Backen glühten. Wenig später brachte die Serviertochter meiner Grossmutter ein verschnürtes warmes Päckchen, das gerade noch Platz in ihrer Handtasche fand. Eine Portion Meringues mit Schlagrahm rundete das Muttertagsessen ab, bevor wir bei einem Nachmittagsspaziergang das Mittagessen endlich verdauen konnten.

Pong: Adrio

Beim Lesen bleibe ich am Wort «Adrio» hängen. Es muss Jahre her sein, dass ich dieses Wort gehört oder gelesen habe. Ich habe keine Ahnung, wo mich diese Schreibreise hinführt, sicher aber zu frühen Kindheitserinnerungen und bis ans Meer.

Zu den Höhepunkten meiner Kindheit gehörte das Einkaufen mit meiner Mutter. Bäckerei, Gemüsehändler, Metzgerei, Apotheke – das war die geografisch bedingte Vorgabe unserer wöchentlichen Einkaufstour. In der Bäckerei gab es ein «Bruchguetzli», beim Gemüsehändler eine kleine Karotte, beim Metzger ein Stückchen Lyonerwurst und in der Apotheke einen Traubenzucker. Gesättigt und ausgewogen ernährt kam ich nach Hause. Auch mit Stolz erfüllt, ich hatte mir mein Zubrot verdient. So sah ich es wenigstens. Denn ich sang leidenschaftlich gerne und hielt in jedem Geschäft, das ich an der Hand meiner Mutter betrat, ein Ständchen. Meine Gesangskarriere endete mit dem Schuleintritt und der damit einhergehenden Selbstkritik. Vielleicht war das auch nicht so, sondern ich erlebte den Genuss des choralen Gesangs zusammen mit meinen Schulkameraden als erfüllender. Auf jeden Fall hörte ich mit der Singerei auf, auch hielt ich nicht mehr die Hand meiner Mutter. Einkaufen liebte ich noch immer. Und ich wurde weiterhin mit Schokolädchen, Wurststückchen, Vitaminbonbons und was auch immer für die jungen Kunden bereitgestellt war, gefüttert. Ohne Gegenleistung. So lernte ich früh, dass es nicht die Arbeit allein sein konnte, mit der man einen Ertrag erwirtschaftete, sondern dass mir gänzlich unverständliche Wirtschaftsgesetze am Werk waren. Einmal im Monat kaufte meine Mutter in der Metzgerei Adrios. Schon der Name dieser schlüpfrigen, alabasterweissen Fleischklösse weckte meine Neugier. Was für ein Tier wohl ein Adrio war? Lebte es auf dem Land oder im Wasser? Hatte es vier oder zwei Beine? Ich behielt die Fragen für mich und schaute gebannt, wie die Metzgersfrau die runden Dinger einpackte.

Adrios waren für meinen Vater bestimmt wie die Nierli, Leberli und Schnecken, die er liebte und bei deren Verzehr mir immer etwas graute. Ich liebte meinen Vater sehr, aber wenn er sich schmatzend über das Schneckenpfännchen hermachte, ein grilliertes Nierli verspeiste oder eben diese Adrios an einer Zwiebelsauce genoss, war er mir fremd, sehr fremd und ein bisschen unheimlich.

Mein Onkel und meine Tante fuhren jedes Jahr an die **Adria**. Jetzt wurde ich hellhörig. Adria – das musste das Land sein, wo die Adrios herkamen. Ich wagte aber wieder nicht, danach zu fragen. Über diesen vermaledeiten Adrios schien ein Tabu zu herrschen, war ich doch sonst ein Kind, das unbeschwert seine Fragen stellte. Wenn meine Tante und mein Onkel von ihren Ferientagen an der Adria zu erzählen begannen, wurden wir Kinder zum Spielen nach draussen geschickt. Mein Vater sagte nach diesen Besuchen oft: «Also, an die Adria bringen mich keine zehn Pferde.» Wieso er dann Adrios trotzdem so sehr liebte, blieb eine weitere unbeantwortete Frage meiner Kindheitstage.
Irgendwann verschwanden die Adrios vom Speisezettel, mit ihnen die Nierli, Leberli und Schweinsöhrchen – nur die Schnecken blieben noch eine Weile, bis auch sie vom Menüplan gestrichen waren. Dass Adrios denselben Inhalt wie Bratwürste haben, erfuhr ich später, viel später und lernte umgehend, dass in allem Fremden ein Stück Heimat steckt. Es kommt nur auf die Verpackung an.

Ping: Adria

Von Adrio zu Adria. Eine Wortspielerei, die mir gefällt. Adria löst ein Erlebnis aus, das ich fast vergessen habe, aber eben nicht ganz. Und jetzt hole ich es aus meinem Erinnerungsschatz hervor und schmücke es ein kleines bisschen aus.

Meine sonnenhungrigen Eltern verbrachten ihre Sommerferien ein paar Jahre lang in Miramare an der Adria, südlich von Rimini. Mich konnten sie nicht für diese Art Ferien begeistern. Viel lieber kletterte ich in den Ferien mit einer Gruppe Jugendlicher in den Bergen herum. Doch einmal,

ich weiss nicht mehr, wie das passieren konnte, gelang es ihnen, mich zu überreden. Vielleicht, weil ich gerade kein Geld für Ferien zur Verfügung hatte, der Lehrlingslohn war zu meiner Zeit nicht üppig, oder weil mich die Hinfahrt im Nachtzug reizte, oder einfach deshalb, weil mich die Sehnsucht nach dem Meer packte.
So stiegen wir ein paar Wochen später an einem Freitagabend kurz vor Mitternacht mit Hunderten weiteren sonnenhungrigen Schweizern in den Extra-Nachtzug ohne Halt bis Rimini. Der Couchette-Betreuer wies uns ins reservierte Sechserabteil. Mein Koffer war schnell verstaut. So legte ich mich, um dem Chaos im Gang auszuweichen, auf die oberste Liege und beobachtete von oben die Hektik meiner Mitreisenden. Eine halbe Stunde später fuhr der Zug endlich los, und ich spürte das Rollen der Wagenräder von den Zehen bis zu den Haarspitzen. Was für ein glückliches Empfinden, einfach dazuliegen und gleichzeitig davonzurasen. Das hatte ich mir doch als Kind immer gewünscht: ein Bett auf vier Rädern, mit einem aufklappbaren durchsichtigen Plastikdach für die Regentage, mit einem aufgespannten Netz an allen vier Seiten für rasante Kurven und Abwärtsfahrten. Mit einem solchen Bett wollte ich die ganze Welt bereisen.
Das Glücksgefühl verebbte augenblicklich, als ich am nächsten Morgen am Strand von Miramare stand. Zum Hotel gehörte eine **Liegestuhl**-Sonnenschirm-Anlage, die sich über eine weite Strecke des Strandes ausbreitete. Soweit mein Auge reichte, sah ich farbige Liegestühle in gleichmässigem Abstand nebeneinandergereiht. Die meisten waren mit Badetüchern belegt. Der Anblick, der sich mir nun bot, war mir zwar von der Frauenzeitschrift Annabelle, die meine Tante abonniert hatte, vertraut. Doch die Wirklichkeit war ernüchternder.
Meine Mutter hatte bereits einen Liegestuhl für mich reserviert. Die Art, wie meine Eltern ihren Mikro-Strandraum erwartungsvoll in Beschlag nahmen, bewirkte, dass ich auf

die Zunge biss, um nicht schon in der ersten Stunde über die rot verbrannten Touristen vor und hinter mir zu lästern. Zwanzig Meter von mir entfernt blickte ich auf die unendliche Weite der Adria. Sanft kräuselten sich die Wellen über den Strand. Ich lief wie eine Verliebte aufs Meer zu, die ihrem Schatz in die offenen Arme rennt. Das Wasser war trüb, aber wohlig warm, so warm, dass sich mein Körper mit dem Meerwasser sofort liebevoll vereinte.

Doch ein Strandtag zieht sich hin, und irgendwann zog es auch mich wieder ans Land. Vom Liegestuhl aus beobachtete ich am Himmel die fliegenden Reklamekörper, wie sie untermalt mit italienischen Werbespots an den Feriengästen vorbeischwebten. Ein Adonis mit nacktem Oberkörper pries gekühlte Getränke an, Kinder formten Sandburgen und füllten Sandlöcher mit Wasser. Ich beobachtete und dämmerte gleichzeitig vor mich hin, Stunde um Stunde, Tag um Tag. Manchmal raffte ich mich auf und lief über die Strasse zum Gelati-Händler. Der pries zwanzig verschiedene Sorten Glacé an, eine Sorte besser als die andere. Bis Ende der Ferien wollte ich alle ausprobiert haben. Das war mein einziges Ziel in diesen zwei Wochen.

Weshalb mir diese langgezogenen, langweiligen Ferientage an der Adria doch noch lange Zeit in Erinnerung blieben, muss am Hund gelegen haben. Damals gab es in den Schlafzimmern der Hotels noch keine Fernseher. Die Zerstreuungen nach dem Nachtessen waren die kleinen Boutiquen der Hauptstrasse entlang. Während sich die Autos auf der Strasse mühsam hupend vorwärtsbewegten, quetschten sich die Touristen auf den schmalen Trottoirs ebenso mühsam aneinander vorbei. Die Läden waren prall gefüllt mit Krimskrams. Unter all dem Plunder aber blickte mir ein rotbrauner langhaariger Hund mit langen Lampionohren direkt in die Augen. Ausgestreckt füllte er fast das ganze Regal in diesem Laden aus. Während ich auf der Einkaufsmeile weiterschlenderte, klammerte sich der Hund an mir fest. «Kauf

ihn doch, wenn er dich nicht mehr loslässt», riet meine Mutter. Und so kam es, dass ich auf dem Rückweg nebst meinem Koffer auch noch einen Platz für meinen Hund im Ablagefach des Zugs suchen musste.
Zuhause setzte ich ihn im Schlafzimmer auf den grünen Bettüberwurf; er füllte fast die ganze Bettfläche aus. Ich begrüsste ihn jeden Abend, bevor ich ins Bett ging, bis zu dem Augenblick, als ich meinen Freund zum ersten Mal mit in mein Zimmer nahm. Er schaute den Hund an, dann mich, dann wieder den Hund und schüttelte dann unmerklich den Kopf. Für einen Innenausbauzeichner in einem italienischen Top-Designerbüro war mein Hund ein Affront. Da blieb mir nichts anderes übrig: Ich wechselte sie beide aus. Der eine musste weg, der andere kam neu dazu.

Pong: Liegestuhl

Liegestuhl – und mit ihm ein starkes Erinnerungsbild, wie meine Eltern auf den beiden Liegen im Garten ihr Mittagsschläfchen halten. Die Geschichte, die hier entsteht, kommt aus dem Erinnerungsschatz, angereichert mit Elementen aus dem Reich der Fantasie. Reales und Erdachtes können sich überschneiden, beides aber hat seinen Ursprung in unserer eigenen Welt. Es ist eine Lust zu schreiben!

Corbusiers Liege ist in Vergessenheit geraten, nicht aber die Geschichte um die Liegestühle meiner Eltern. Es war ***die*** grosse **Anschaffung des Jahres** und sie beanspruchte schon in ihrem Vorfeld Stapel von Broschüren und Empfehlungsschreiben, die gesichtet und bewertet werden wollten. Bis anhin hatten sich meine Eltern mit zwei hölzernen Liegestühlen begnügt, die mit demselben verbleichten orange-

ocker gestreiften Segeltuch bespannt waren. Während der lauen Sommermonate dienten die beiden alten zusammenklappbaren Liegen dem sonntäglichen Mittagsschlaf auf der Veranda. Den kleinen, ebenso verblichenen Klappstuhl benützten sie gemeinsam als Fussstütze. Doch damit war es nun endgültig vorbei. Man ging mit der Zeit – obwohl das Wort rückenschonend noch nicht im Alltagsvokabular angekommen war, die Hängeliegestühle waren out. Die wurden höchstens noch im Süden an den Stränden verwendet. Mein Vater genoss die Errungenschaften der modernen Technik. Meine Mutter war die Sparsame. «Wir brauchen keine neuen Liegen. Unsere Liegestühle sind praktisch, nicht heikel und haben sich bewährt», versuchte sie meinen Vater von seinem Vorhaben abzuhalten. Schon damals hatten Ehemänner die Fähigkeit, nicht gut zu hören, wenn es um unnötige Kommentare der Ehefrau ging. So arbeitete sich mein Vater durch Prospekte und Messen, zielstrebig dem Wunschobjekt entgegen.
Der Winter dämpfte das heikle Thema für kurze Zeit. Doch der nächste Frühling hielt Einzug und mit ihm die Lieferung zweier mit schneeweissen Plastikschnüren bezogener, sperriger Liegen sowie diverser Metallrohre und -schrauben. Eine Montageanleitung lag bei. Nun muss an dieser Stelle erwähnt werden, dass mein Vater ein äusserst fantasievoller, jedoch theoretischer Techniker war. Mit Hammer und Schraubenschlüssel stand er zeitlebens auf Kriegsfuss. Dafür war meine Mutter die praktische Handwerkerin. Sie hängte Bilder auf, reparierte defekte Wasserhahnen und flickte elektrische Kabel, wenn es nötig war. Der Werkzeugkasten war ihr erweiterter Haushalt. Es wurde Sommer. Von den Liegestühlen sprach niemand mehr. Die zwei alten Exemplare waren unauffindbar – mein Vater war Weltmeister im Entsorgen – und die Neuerwerbung nicht montiert. Nur der Klappstuhl stand verlassen im Geräteschuppen, ein Mahnmal der Geschehnisse.

Ich lebte schon längere Zeit in einer eigenen Wohnung, als ich an einem Sonntag meine Eltern besuchte. Es war ein lauer Spätsommernachmittag. Noch immer besass ich einen Schlüssel zu meinem Elternhaus. So öffnete ich die Haustür und rief: «Hallo, ich bins.» Keine Antwort. Ich trat durch die Verandatür und staunte nicht schlecht. Da fand ich meine Eltern im Schatten des Zierahorns. Im Duett leise schnarchend dösten sie und genossen ergonomisch-perfekt gebettet ihr Mittagsschläfchen. Das Teilen einer Fussstütze erübrigte sich. Die neuen Liegen ermöglichten, die Beine erhöht zu lagern. Ich betrachtete meine ruhenden Eltern und verstand nicht, wie man einen sonnigen Sonntagnachmittag auf solchen Stühlen, die jegliche Rückenbräunung verhinderten, verbringen konnte. Es würde noch Jahre dauern, bis ich die Wohltat hochgelagerter Beine und den Zauber des Sommernickerchens im hautfreundlichen Schatten entdeckte. Wer die Liegestühle montiert hat, habe ich nie erfahren.

Ping: Anschaffung des Jahres

Der Titel könnte auch heissen die «Anschaffung des Jahrzehnts», so präsent ist mir folgende Geschichte.

Völlig unvorbereitet nahmen mich meine Eltern an einem Samstagnachmittag nach der Schule zum Eschenmoser mit. Eschenmoser war ein Ex-Kollege meines Vaters, der nicht bereit war, ein Leben lang als PTT-Angestellter zu arbeiten. Er gründete in Zürich ein Radio- und Fernsehgeschäft und bot seinen früheren Kumpanen grosszügige Rabatte an. So fand ich mich an einem heissen Sommernachmittag im August 1960 – draussen stieg das Thermometer auf über 30 Grad – plötzlich in einem dunklen Keller, umgeben von

mindestens zwei Dutzend flimmernden **Fernsehgeräten** wieder. Alle zeigten die gleichen Schwarz-Weiss-Aufnahmen und aus allen vier Himmelsrichtungen dröhnten dieselben Worthülsen auf mich ein. Ich drehte mich im Kreis herum, begutachtete jedes einzelne Bild, bemerkte aber nur minimale Unterschiede in der Form oder in der Grösse der Geräte. Meine Eltern aber schienen noch mehr Wesensmerkmale wahrzunehmen. Sie beratschlagten einen ganzen Nachmittag lang über Marken und Preise. Während ich ungeduldig wartete, wurde mir plötzlich bewusst, dass ich von nun an Fury und Lassie nicht mehr bei Hugentoblers anschauen musste, sondern daheim auf dem Sofa in den Genuss der Kindersendungen kam, sofern sich meine Eltern endlich für eines dieser Geräte entscheiden konnten.
Sie entschieden sich Gott sei Dank noch am gleichen Tag. Ihren Entschluss verdankte ich den Olympischen Spielen in Rom, die ein paar Tage später begannen. Vater war ein begeisterter Leichtathlet, zwar nicht mehr aktiv im LV St. Margrethen dabei, aber immer noch mit viel Herzblut für die Sprinter, Marathonläufer, Stabhochspringer und Diskuswerfer auf der ganzen Welt.
Dann endlich kam der Tag der Eröffnung der Olympiade. Ein achtzehnjähriger römischer Schüler durfte das Feuer ins Olympiastadion hineintragen und anzünden. Er war nur acht Jahre älter als ich, und ich verliebte mich sogleich in ihn. Als Papst Johannes XXIII auf dem Petersplatz vor 100'000 Zuschauern seinen Segen erteilte – ausser der Sowjetunion –, wurde Rom in den kommenden Tagen für mich und meine Eltern zu einem Phänomen. Dieses Wunder musste geteilt werden. Meine Eltern luden die Nachbarn vom Haus nebenan mit ihren fünf Kindern ein, und die Nachbarn zuunterst mit den zwei Kindern ebenfalls. Sogar für den alten Nachbarn Blum war Platz auf dem Sofa. Die Erwachsenen sassen auf Stühlen und wir Kinder auf dem Boden. So fieberten wir im Finallauf dem deutschen Sprinter

Armin Hary entgegen, der prompt im 100-Meter-Lauf die Goldmedaille gewann. In diesen zehn Sekunden vibrierte unsere Stube. Wir zitterten, bebten, schrieen und lachten. Armin Hary war ***die*** Sensation.
Er machte mir einen solchen Eindruck, dass ich ihn lange Zeit nach den Olympischen Spielen noch aus den Zeitschriften schnitt und ihn an die Wand meines Kinderzimmers klebte. Vielleicht, überlege ich mir heute, waren diese Bilder damals ein Anstoss zu kämpfen, wenn man etwas auf dieser Welt erreichen will. Keine Ahnung, ob mich Armin Hary damals beeinflusste. Jedenfalls begrüsste er mich jedes Mal, wenn ich von der Schule nach Hause kam.

Pong: Fernsehgerät

Die Anschaffung des Jahres und das daraus entstehende Pong lässt mich ganz beim Thema bleiben. «Fernsehgerät» ist das Wort. Ich beginne zu schreiben. Vage Erinnerungen aus der Zeit in Südafrika fliessen in mein Pong und die folgende Geschichte entsteht.

Fernsehen: im südlichen Afrika der frühen Achtzigerjahre eine Attraktion. Und so gehörte es zu den Highlights der Woche, am Abend vor den Fernseher zu sitzen und die Sendung von A bis Z zu verfolgen. Die Übertragung begann um fünf Uhr und dauerte bis ungefähr zehn Uhr. Ein Sender – ein Programm. Alternierend wurde an einem Tag in Englisch und am darauf Folgenden in Afrikaans übertragen. Die wenigen Ausdrücke in Afrikaans, die wir erlernt hatten, reichten nicht, um das Programm zu verstehen. So erklärt sich von selbst, dass sich unsere Fernsehabende auf drei bis vier Tage in der Woche beschränkten. Dann aber als Nonstop-Programm. Das Fernsehgerät hatten wir **secondhand** erworben – es war unser Tor zur Welt.

Die Nachrichten waren eher dürftig. Dafür lebte das Programm von den aus den USA eingekauften Fernsehserien. An einem Abend verfolgten wir die neuen Abenteuer von «Knight Rider» mit einem äusserst attraktiven David Hasselhoff in der Hauptrolle. Auf ihn komme ich später nochmals zurück. Am übernächsten Abend entzückten die «Golden Girls» und änderten meine Vorbehalte dem Alter gegenüber. Zwei Tage später die für das konservative Südafrika äusserst moderne Soap «Who is the Boss», mit einer beruflich aktiven jungen Frau und ihrem Haushälter und Sekretär. Die Abende waren heilig. Wir setzten uns vor das Gerät, im Winter mit Wolldecken ausgerüstet, und hofften, die elektrische Versorgung bliebe für die nächsten Stunden gewährleistet. Die Figuren in den Fernsehserien waren wie alte Bekannte und ihre «ups and downs» begleiteten uns in den nächsten Tag. Wir litten und wir freuten uns mit ihnen. Und sie gaben Gesprächsstoff für gesellige Zusammenkünfte.

Hin und wieder besuchten wir eine Konzert- oder Theateraufführung in der Stadt, ab und zu leisteten wir uns einen Kinoabend. Angenehme Abwechslungen, doch sie sind vergessen. Die Fernsehhelden aber haben überlebt, ich sehe sie noch heute vor mir.

An dieser Stelle muss ich erwähnen, dass ich zuvor eine vehemente Fernsehgegnerin war. Meinen Eltern machte ich eine grosse Szene, als sie ein Gerät anschafften und es in die Stube stellten. Ich sah darin den Untergang der zwischenmenschlichen Kommunikation. Nun musste ich am eigenen Leib erfahren, wie wankelmütig der Mensch ist. Ich liess mich von simpelsten Fernsehserien in Beschlag nehmen und mitreissen. Ja, sie wurden zu einem der Schwerpunkte in meinem Leben.

Meine Bindung zu Knight Rider, den Golden Girls und dem weiblichen Boss lösten sich wie von selbst, als wir wieder in der Schweiz lebten. Ihre Erlebnisse beschäftigten mich nicht mehr, der Fernseher wurde für mich wieder ein unnötiges Gerät im Wohnzimmer. Doch das Schicksal nimmt seinen Lauf und abtrünnige Schafe können bestraft werden. David Hasselhoff trat nochmals in mein Leben. Unsere Teenage-Tochter sass stundenlang vor dem Fernseher, um Hasselhoff auf seinen Abenteuern in «Baywatch» zu begleiten. Sie litt mit ihm und seinen attraktiven Filmpartnerinnen und sie freute sich, wenn er als grosser Retter den Wellen entstieg. Sie sammelte Poster und Hintergrundinformationen über ihren Helden. Keine Sendung durfte verpasst werden. Ich hatte wenig Verständnis und ertrug die synchronisierten Stimmen beinahe nicht mehr. Bis, naja, bis ich mich sachte, ganz sachte zu erinnern begann und feststellen musste, dass dies vermutlich die gerechte Strafe für meine Wankelmütigkeit damals in Südafrika war.

Ping: Secondhand

«Secondhand» ist ein Wort, das mich auch heute noch anzieht. Der Ursprung aber liegt in der nachfolgenden Geschichte. Jetzt weiss ich, weshalb ich mich immer noch gerne in Brockenhäusern aufhalte.

Eine fast greifbare Spannung lag in der Luft. Meine Eltern erwarteten einen Gast, den sie noch nicht kannten, der aber ihr Leben ohne ihren Einfluss ein Stück weit verändern konnte. Sie wussten aus eigener Erfahrung, wie es sich anfühlt, wenn man verliebt ist. Seit Wochen beobachteten sie den eigentümlichen Glanz in meinen Augen, wenn ich so nebenbei, möglichst lässig und gelassen, meinen neuen Freund Andreas erwähnte. Nun würde der Auslöser meiner

Wonnegefühle in wenigen Minuten eintreffen. Ich zappelte und zitterte vor Gespanntheit, liess mir aber sonst nichts anmerken. Ich hatte meinen Eltern nur gesagt, dass mein Freund ein Lieber sei und obendrein aus einem katholischen Elternhaus stamme. Das sollte sie fürs Erste beruhigen und empfangsoffen machen.
Pünktlich stand er vor der Wohnungstür. Ich öffnete sie und blickte in seine strahlenden Augen. Zum ersten Mal sah ich ihn mit den Augen meiner Eltern, nur eine Sekunde lang, aber diese Sekunde genügte, um mich zu verunsichern. Draussen schneite es, und die, die an diesem kalten Winterabend auf die Strassen mussten, hüllten sich ein, so gut sie konnten. Das tat auch Andreas. In seinem bodenlangen, abgewetzten braunen Wintermantel umarmte er mich und begrüsste dann meine Eltern. In der einen Manteltasche steckten Pfeife und Tabak und in der andern die Handschuhe. Die Baskenmütze verdeckte kaum die langen feinen Haarsträhnen. Als er die Kopfbedeckung auch noch in den Mantelsack steckte, war für meine Eltern klar, dass ihre Tochter einem **Hippie** verfallen war.
Andreas hatte den Mantel im Brockenhaus gekauft. Ich war dabei, als er den Fund entdeckte und ihn gleich haben musste. Wir schlenderten von Gestell zu Gestell, von Raum zu Raum. Er weihte mich ein in die Welt der halbgeschenkten Gegenstände, die alle eine Geschichte haben. Den Geruch, der dem Zürcher Brockenhaus auch Jahre später noch anhaftete, liessen wir ausser Acht. «Hier schau, diese tollen Kleider und Blusen.» Und schon wühlte auch ich in den Kisten und Körben. Ich probierte ein bodenlanges, schwarzes, weit ausgeschnittenes Kleid, das meinem Körper schmeichelte. Das musste ich haben und den roten Pullover für zwei Franken auch.
Nun stand Andreas also vor meinen Eltern. Hatte er nur diesen einen Mantel? Natürlich war er mit dem Roller durch die halbe Stadt gefahren und bei diesem Schneegestöber war

dieses Stück Stoff genau richtig. Trotzdem. Ich blickte meine Eltern an. Sie liessen sich nichts anmerken und drückten ihm freundlich die Hand. Was wir einander an diesem Abend erzählten, ist aus meinem Gedächtnis entschwunden. Über das Wetter hatten wir bestimmt gesprochen. Andreas wird seine Arbeitsstelle erwähnt haben, die Lehre, die er abgeschlossen hatte, und vielleicht noch dies, dass sein Vater Bäckermeister gewesen sei, in Zürich, und nicht an schlechter Lage. All dies zusammen drängte den Brockenhaus-Mantel in den Hintergrund. Gott sei Dank zog Andreas die Pfeife nicht aus dem Mantelsack und die Haare, das bemerkten meine Eltern bestimmt, standen zwar immer noch wie lange Fäden über Ohren und Nacken, aber sie waren gewaschen. Noch an manchen Samstagen schlenderten Andreas und ich später in den Brockenhäusern herum auf der Suche nach dem Ausgefallenen, nach dem Einzigartigen, nach dem ganz und gar Einmaligen unter den Tausenden gebrauchten Gegenständen. Meine Eltern hatten sich damit abgefunden, dass ich meine Kleider nicht mehr in der Modissa kaufte, sondern eben in diesen stinkigen Orten, die sie nur vom Hörensagen kannten. Ich blieb ja auch nicht mehr lange zu Hause. Wenige Monate später hielten wir uns stundenlang in den Möbelabteilungen auf, natürlich auch in den Brockenhäusern. Vier gleiche Stühle waren bieder. Es mussten vier verschiedene sein, aber in ihrer Ungleichheit zusammenpassen. Der runde Eisentisch, den wir bei einem Antiquitätenhändler fanden, war eine Trouvaille. Dafür zahlten wir einen stolzen Preis. Aber er hielt über Jahre. Darauf servierten wir unseren Eltern nach unserer Hochzeit viele Male den Kaffee, hin und wieder sogar im schwarzen Kleid. Selbst unsere Kinder fanden den Tisch später, viel später, echt cool.

Pong: Hippie

Das erhaltene Ping weckt Erinnerungen an erste Liebesgeflüster. Der Begriff «Hippie» öffnet die Schleuse zu meinem Pong.

Ich beobachtete, wie die Haare der Freunde meiner Schwester mit jedem Exemplar, das sie auf dem Schulhausareal traf, länger wurden. Sie war meine grosse Schwester und ganz eindeutig in solchen Sachen viel bewanderter als ich. Ist es ein Naturgesetz, dass die Zweitgeborene glaubt, sich auch in Liebesdingen von der älteren Schwester abgrenzen zu müssen? Oder ist es eine Frage der Persönlichkeit? So oder so, sie war meine Konkurrenz. Daher tauschte ich meine dringenden Fragen zur Partnerwahl lieber mit meiner **Busenfreundin** aus. Wir beide stellten fest: Es gibt zwei Kategorien: Die Hippies und die Jungen aus gutem Haus, die meistens einer Studentenverbindung angehörten. Hippies kamen für mich nicht infrage – diese Gattung war von meiner Schwester besetzt. Für die Jungen aus gutem Haus war ich kein Thema – zu pummelig und zu unscheinbar. Meine Freundin wäre der Lockvogel gewesen. Sie war bildhübsch. Doch die Jungen aus gutem Haus waren der Wunschtraum ihrer Mutter. Also kamen sie für meine Freundin selbstverständlich auch nicht infrage. Aus Solidarität zu mir strich sie auch die Hippies. Das war noch Freundschaft!

Wir lebten glücklich und zufrieden mit unseren Kategorien, bis sich eine klitzekleine Sehnsucht meldete, die sich in uns ausbreitete und immer stärker wurde. Wir genügten uns nicht mehr. Wir schielten nach den Pärchen, die überall wie Pilze aus dem Boden zu schiessen schienen, und sehnten uns noch mehr. Und wie es so ist im Leben mit Kategorien –

theoretisch sind sie ein gutes Werkzeug, in der Praxis jedoch untauglich.
Meine Freundin verliebte sich, sie liess mich als beste Freundin an ihrem Glück teilhaben. Gebannt lauschte ich ihren Worten. Das war Liebe. Ein reifer Mann mit heldenhafter Vergangenheit und anrührender Heimatlosigkeit, 22-jährig mit Schnauz und einer Sprache, bei der das Herz zerfliessen musste. Er kam aus der Tschechoslowakei und war der Mutter meiner Freundin ein Dorn im Auge. So diente ich als Alibi für die Treffen der leidenschaftlich Liebenden. Auch das ist wahre Freundschaft.
Gleichzeitig veränderte sich der Nebenschauplatz. Ich stellte dort eine Transformation fest: Die Haartracht der Freunde meiner Schwester wurde kürzer und schnittiger, die Kleidung begann, einer Uniform zu gleichen. Fazit: Meine Schwester hatte die Ausrichtung gewechselt und verkehrte nun in den Kreisen der Vitodurania-Verbindung. Das bedeutete für mich: Bahn frei für einen Hippie. Den fand ich dann. Er scherte sich weder um mein ungeschminktes Gesicht, noch um meine Rundlichkeit. Hauptsache, meine Haare waren lang und in der Mitte gescheitelt. Wir fanden uns beim Rauchen und Blümchenflechten. Er spielte Klavier. Gitarre hätte besser gepasst, doch man kann nicht alles haben.
Auf die Leidenschaft, wie sie mir meine Freundin von den Treffen mit ihrem Liebhaber schilderte, wartete ich vergeblich. Vielleicht war ein Hippie doch nicht das Richtige, vor allem, weil ich feststellte, dass seine uneingeschränkte Liebesfähigkeit so gross war, dass er sie – ganz nach Hippie-Philosophie – mit jedem Mädchen teilte, das seinen Weg kreuzte.
Langsam, ganz zaghaft, begann eine Metamorphose. Sie hielt Einzug mit dem ersten Lippenstift von ABM und einem Minirock von meiner Freundin, den sie mir gleichzeitig mit einem in braunem Packpapier eingehülltem Buch unter dem Siegel der Verschwiegenheit überreichte: «Oswalt Kolle – Das Wun-

der der Liebe». Nach der Lektüre zeigte ich meinem Hippie die kalte Schulter und begab mich hoch erhobenen Hauptes und allen Kategorien trotzend auf die abenteuerliche Reise in die Welt der Leidenschaft, Oswalt Kolles Banner folgend.

Ping: Busenfreundin

«Busenfreundin» ist ein Begriff, den man heute nicht mehr so oft hört. Er gehört in meinen Erfahrungsschatz, die dazugehörende Geschichte ist einer der Wendepunkte in meinem Leben, wenn auch nur ein kleiner.

Susanne war nur ein paar Tage älter als ich. Sie war meine Freundin. Seit dem **Kindergarten** begaben wir uns täglich zusammen in die Schule. Wir wohnten im gleichen Haus und spielten als kleine Mädchen in der Freizeit mit unseren Puppen. Später vergnügten wir uns hinter dem Haus mit Ballspielen, schnallten die Rollschuhe an und fuhren stundenlang die Siedlungswege hinauf und hinunter. An Regentagen versanken wir in die Welt von Globi und Mickey Mouse, und später befriedigte das Bravo den Hunger nach Geschichten. Meine Eltern kauften mir keine billigen Heftchen, wie sie sich ausdrückten. So las ich sie bei Susanne auf ihrem Bett. Ihre Mutter war in diesen Dingen grosszügiger oder vielleicht auch nur pragmatisch. Sie war einfach froh, wenn wir ruhig waren.

In der sechsten Klasse geschah etwas, das ich mir nicht erklären konnte. Susanne ging mir auf die Nerven. Immer noch begleiteten wir uns in die Schule. Ganz selbstverständlich läutete ich am Morgen an ihrer Wohnungstür, nur empfand ich dieses jahrelange Ritual nun als Pflicht. Susanne langweilte mich. Ich schaute mich um im Rudel der Mäd-

chenfreundschaften und bemerkte Giulia. Giulia, die Petras Freundin war, die Lehrerstochter, die sich für die Kantonsschule vorbereitete. Giulia, das unnahbare Mädchen, das ich heimlich schon lange bewunderte. Nicht nur wegen ihrer Mandelaugen und ihrer Alabasterhaut, auch weil sie so belesen und gescheit war. Hatte sie Streit mit Petra, dass sie mit mir nach Hause gehen wollte? Es war nach einem Schultag im Vorfrühling, ein paar wenige Wochen vor Ende des Schuljahrs und vor Ende der Primarschule. Da entdeckten wir uns. Von da an gab es nur noch Giulia in meinem Leben. An den freien Schulnachmittagen besuchten wir die Gemeindebibliothek. Wir lasen sämtliche Bücher von Charles Dickens, und «Die schwarze Laterne» von Viola Bayley wurde unser Lieblingsbuch. Zu den Büchern für Erwachsene hatten wir leider keinen Zugang, aber Giulias Mutter las gerne und hortete Bücher in ihrem Schlafzimmer. Dort sah ich zum ersten Mal ein prall gefülltes Büchergestell. Das war wie eine Offenbarung. Es gibt also Menschen, die sammeln Bücher, und das sieht dann fast so aus wie in der Bibliothek, nur ist das ihr Zuhause. Während ich mich an den Titeln festklammerte, fasste Giulia nach einem Buch. «Komm, wir lesen das gemeinsam.» «Kannst du es einfach so aus dem Regal nehmen?» «Mutter merkt das nicht. Du siehst ja, wie viele Bücher sie hat.»
Giulia hatte einiges vor, das sah ich an der Dicke des Buchs. Weder bei ihr zu Hause noch bei mir konnten wir uns in die Geschichte vertiefen. Doch die Frühlingstage meinten es gut mit uns. Wir lagen bäuchlings unter unserem Lieblingsbaum, der Wind wehte, und wir lasen stundenlang «Vom Winde verweht». Wir lasen und redeten über das Gelesene und berührten uns wie unabsichtlich. Am Arm, am Bein und dazwischen kitzelte das Gras. Die Frühlingsferien verflogen wie in einem Rausch, während die Melancholie des Abschieds in der Luft lag. Wir kannten uns seit der ersten Klasse und erkannten uns erst seit wenigen Wochen. Nach

den Ferien würden wir beide in verschiedenen Stadtteilen zur Schule gehen. Zudem würden Giulias Eltern in ein anderes Quartier in eine grössere Wohnung ziehen. Wir nahmen uns vor, nach dem Umzug anstatt zu reden, einander Briefe zu schreiben. Was wir auch taten. Wir schrieben uns dreimal in der Woche, später zweimal, dann einmal. Als aus den Geschichten, die wir uns manchmal mehr als zehn Seiten lang erzählten, nur noch Aufzählungen wurden, versiegte der Schreibstrom so schnell, wie er uns überwältigt hatte.
Zu meinem spärlichen Schatz aus früheren Zeiten gehört ein einziger Brief, eingepackt in einem rosaroten Couvert. Er ist von Giulia. Wir haben uns nie voneinander verabschiedet. Wir konnten das damals noch nicht. Wir konnten es auch nicht an der Klassenzusammenkunft, dreissig Jahre später. Da waren wir uns einfach nur fremd.

Pong: Kindergarten

«Kindergarten» – der Auslöser für eine Erinnerung, die ich oft erzählt, aber nie aufgeschrieben habe. Nun ist sie in Text geformt. Während des Schreibens sind Einzelheiten aufgetaucht, die ich längst vergessen habe. Es erstaunt mich immer wieder, wie das Schreiben verschüttete Erinnerungen zutage fördert.

Im Kindergarten zeichnete ich viel. Nach den Sing- und Gruppenaktivitäten im Kreis war freies Spielen angesagt. Dann holte ich Papier und Farbstifte und malte mein ungelebtes Leben. Ich hätte viel lieber in der verheissungsvoll lockenden Kinderküche mit Pfännchen und Geschirr gespielt oder das grosse Puppenspielhaus hervorgezogen und Raum um Raum neu eingerichtet. Warum ich das nicht getan habe?

Die Antwort ist ganz einfach. Fräulein Rotach, die Kindergärtnerin, ermahnte uns, jedes der Spielutensilien am Ende der Stunde wieder an den angestammten Ort zu räumen. Damit war ich total überfordert. Wie konnte ich mich nach dem Eintauchen in Kinderküche oder Puppenhaus noch erinnern, wo jedes der vielen Spielsachen hingehörte. Das schaffte ich nie. Das war ein äusserst gefährliches Terrain und könnte Schelte von Fräulein Rotach zur Folge haben. Also zeichnete und malte ich.
Bild um Bild entstand. Küchenbilder, Puppenstubenbilder und wieder Küchenbilder und nochmals ein Puppenstubenbild. Ich spielte auf dem Zeichenpapier und sah hin und wieder zu meinen Kindergartenkameradinnen und -kameraden, die sich mit allerlei Spielzeug amüsierten. Nicht dass ich unter diesem Zustand gelitten hätte, ich bekam grosses Lob für meine Zeichnungen und meiner Mutter wurde versichert, ich sei äusserst begabt. Ich war zufrieden und tauchte ein in meine Welt, mit der absoluten Gewissheit, dass ich problemlos die **Farbstifte** und das Papier an den ihnen zugeordneten Platz zurücklegen konnte und ich zur rechten Zeit wieder auf meinem Stühlchen im Kreis sitzen würde, wenn der Kindergartengong das Ende der Spielzeit ankündigte.
Dann wurde gesungen. Ein Lied zum Ausklang des Kindergartenvormittags. Das war für mich noch schöner als zeichnen und malen. Das war die Belohnung für mein Nicht-Spiel. Ich sang, frei und unbeschwert. Fräulein Rotachs Bruder oder Freund oder was auch immer kam hin und wieder zu Besuch. Er wurde auf meine Stimme aufmerksam. Eines Morgens holte mich Fräulein Rotach vom Zeichentisch weg und führte mich in den Nebenraum, in dem ein grosses Tonband aufgebaut war. Ich sollte nun singen, hiess es, meine Lieder würden auf dieses Band aufgezeichnet. Das machte mir schon etwas Angst. Blieben dann die Lieder immer auf diesem Tonband? Würde ich sie nachher nicht mehr singen

können, weil sie im Tonband aufgeräumt waren? Weil ich folgsam war, sang ich, wie man mich anwies, und staunte nicht schlecht, als ich nachher eine Stimme hörte, die genau die gleichen Lieder sang, aber unmöglich meine Stimme sein konnte. Sie tönte ganz anders, als ich sie kannte.

Was mit diesen Tonbändern geschehen ist, weiss ich nicht. Meine Gesangskarriere erhielt keine Fortsetzung. Nach den Sommerferien begann für mich die erste Klasse und Singen war ein Schulfach, in dem gelernt wurde und nicht produziert. Eine Mal- oder Zeichenkarriere kann ich auch nicht aufweisen und aufräumen gehört noch heute nicht zu meinen Stärken. Dass ich aber Stücke meines Lebens – des gelebten und des ungelebten – aufs Papier bringen kann, hat vielleicht damals im Kindergarten seinen Ursprung.

Ping: Farbstifte

«Farbstifte» – bei diesem Wort taucht ein Bild auf, das so klar und deutlich ist, dass ich mich entschliesse, den folgenden Text in der Gegenwart zu schreiben. So als sei ich noch ein Kind. Er passt in die gleiche Zeit wie das vorhergehende Pong.

Eine Schachtel mit dreissig Farbstiften liegt vor mir, für mich allein, alle gespitzt, alle gleich lang. Verschiedene Rot, verschiedene Blau, ein Sonnenblumengelb, ein Zitronengelb. Sie liegen in der Schachtel, nach Farben geordnet, ganz links das Weiss, ganz rechts das Schwarz, dazwischen das Farbspektrum von Gelb bis Braun.

Ich nehme die Stifte sorgsam aus der Schachtel, prüfe ihre Spitzen. Sie wackeln nicht. **Welch ein Glück.** Diese Schachtel werde ich nie aus den Händen geben und nie auf den

Boden fallen lassen. Weiss wird als einziger Stift seine Länge behalten. Ich brauche ihn selten. Ich bräuchte ihn höchstens im Winter, wenn die Schneemänner das Sagen haben. Ohne schwarzes Papier sieht man den Schnee sowieso nicht. Grün wird der erste Stummel sein, das weiss ich schon jetzt, besonders hellgrün, das sich so gut mit dem Sonnengelb verträgt. Ich werde die beiden grünen Stifte sorgsam behandeln, die Wiesen nicht zu satt malen, damit die Spitze ja nicht bricht. Das warme Rot wird mit dem Hellgrün wetteifern. Ich brauche es für die Hausdächer, für die Kleidung der Menschen, für die Tulpen und Kinderwagendächer. Kein Bild ohne das warme Rot, kein Bild ohne Himmel, kein Bild ohne Sonne.
Die Farbstifte riechen unverkennbar nach Holz. Ich streichle sie, einen nach dem andern, und lege sie zurück in die Schachtel. Ihre Spitzen liegen auf einer Schaumstoffunterlage wie abends mein Kopf auf dem Kopfkissen.
Heute Morgen hat mir der Osterhase die Schachtel geschenkt. Ich kann es kaum erwarten, sie auszuprobieren. Wo nur ist das Papier?

Pong: Welch ein Glück

Zum Thema «Glück» gibt es viel einschneidendere Erlebnisse in meinem Leben wie zum Beispiel die Geburt meiner Tochter oder die Reisen durch Südafrikas Wildpärke. Doch das Ping mit dem Begriff «Welch ein Glück» hat eine alte Geschichte zum Leben erweckt. Es ist diese, die aufgeschrieben werden will, ich kann ihr nicht ausweichen.

Er hatte die Offiziersschule abgeschlossen. Ich hielt nicht viel vom Militär, aber viel von ihm. Er war meine grosse Liebe – eine Liebe mit vielen Pausen, seinerseits. Das ist wohl das

Gesetz der leidenschaftlichen Liebe. So geht das Feuerchen niemals aus. Zur abschliessenden Krönung der Offiziersschule gehörte ein Ball: der Offiziersball. Er lud mich ein, ihn zu begleiten.

Ja, das waren noch **Einladung**en. Er bestellte mich für sechs Uhr abends vor die Kaserne bei der Sihlpost, wo ich pünktlich eintraf. Ich hatte keine Ahnung, was mich erwartete. Von Weitem sah ich ihn dort stehen. Als richtiger Gentleman war er vor mir am Treffpunkt. Mir tanzten Schwärme von Schmetterlingen im Bauch, und alle Raupen, die noch irgendwo in der Herzgegend verpuppt waren, sprengten ihren Kokon und breiteten die Flügel aus. Mir wurde richtig schwindlig. Ich trug Absätze, sehr hohe Absätze, und versuchte mit leicht wiegendem Gang ihm entgegenzuschreiten. Gleichzeitig hatte ich diese schwirrenden Insekten in mir zu zähmen. Ich wollte gelassen wirken, heute würde man sagen «cool». Eigentlich absurd, bei dieser Hitze, die sich in meinem Körper ausbreitete. Endlich stand ich vor ihm. Er lächelte – wie nur er lächeln konnte. Heute bin ich sicher, dass er das stundenlang vor dem Spiegel einstudiert hatte und nicht nur bei mir anwandte.

Dann sagte er nur den einen Satz: «Begleitest du mich an den Offiziersball?»

Ich war im siebten Himmel. Glücksmomente erfasst man oft erst im Nachhinein. Doch wie er seine Frage beendete, wusste ich, das ist Glück. Ich schwebte auf rosaroten Wolken und setzte vermutlich in diesem Augenblick auch die rosarote Brille auf, die für weitere Jahre meine Wahrnehmung ihm gegenüber pastell einfärbte.

Der Ball war der Höhepunkt. Welch ein Glück, an seiner Seite den Ballsaal zu betreten. Welch ein Glück, neben ihm am Tisch Platz zu nehmen. Welch ein Glück, mit ihm übers Parkett zu tanzen. Er war ein guter Tänzer, auch ohne Brille. Und er hatte noch ein paar Eigenschaften, die der Damenwelt nicht verborgen blieben. Die Konkurrenz war enorm.

Doch jetzt, an diesem Abend, spielte das alles keine Rolle, und in die Zukunft sehen konnte ich nicht. Ich war ganz einfach glücklich. Das Ballkleid hatte ich mir selber genäht. Ich fühlte mich darin wie Aschenputtel auf dem Prinzenball oder noch glücklicher, denn ich verlor weder einen Schuh, noch musste ich den Saal um Mitternacht verlassen. Ich war überzeugt, jetzt würde es nie mehr eine Pause in unserem gemeinsamen Leben geben, jetzt war alles gut.
Das Glück nahm dann andere Wege. Doch diese Art Glück erfasst man erst, wenn man alt ist und auf der Bank im Altersheimgarten sitzt und den tanzenden Schmetterlingen zuschaut.

Ping: Einladung

Viele Wörter aus dem erhaltenen Pong ergäben eine Geschichte. Ich wähle das Wort «Einladung», weil es damals die erste grosse Einladung in unserer ersten Wohnung war. Und jedes erste Mal kitzelt bekanntlich eine besonders starke Erinnerung hervor.

Warum erinnere ich mich heute nicht öfter an diese eine Einladung von damals, wenn ich unsicher bin, ob sich meine Gäste in meiner einfachen Wohnung wohlfühlen? Wenn ich mich frage, ob ich eine gute Gastgeberin bin? Ob das vorbereitete Essen vielleicht doch zu simpel sein könnte?
Damals, mit zweiundzwanzig, machte ich mir solche Sorgen nicht. Andreas würde in ein paar Stunden mit seinen Studienkolleginnen und -kollegen von der Kunstgewerbeschule samt Lehrern vor unserer Wohnungstüre stehen. Immerhin um die 20 Personen, so ganz sicher war ich nicht. Ein Fass Most von der Bauersfrau nebenan stand bereits im Wohn-

raum und einen 10-Kilo-Sack Kartoffeln hatte ich auch schon gekauft. Den Käse brachten die andern. Über das Kulinarische musste ich mir also nicht den Kopf zerbrechen. Der Wohnraum war gross, und da ihn keine Wohnwand und keine Polstergruppe verstellten, fiel auch die Sorge um genügend Platz weg. Ich lieh mir von den Nachbarn Kissen und Wolldecken aus sowie Gläser, Messer und Teller. Zuletzt stellte ich noch zwei Stühle für die Lehrer vor die Fensterfront.

Ich hörte sie schon von Weitem. Andreas lachend und gestikulierend an der Spitze. Sie waren also wirklich von Zürich nach Meilen gefahren und anschliessend zu Fuss nach Obermeilen ins Quartier Dörfli gelaufen. Alle zusammen und selbstverständlich ohne Auto. Welche Ehre. Ich blickte freudig und in gespannter Erwartung in all die unbekannten Gesichter. Die Männer, einige mit langen Bärten und John-Lennon-Brillen. Die jungen Frauen in wallenden langen Röcken und mit schulterlangen Haaren. Ich fühlte mich in meinem bodenlangen schwarzen Kleid inmitten dieser skurrilen Schar wohl und für ein paar Stunden lang eine der ihren. Aber jetzt greife ich vor.

Käse und Kartoffeln lagen in der Mitte des Wohnraums auf einem farbigen Tuch auf dem Boden. Ein Picknick im Raum – ein Stillleben. Wir sassen mit unseren Gläsern um den Kartoffelberg herum und nahmen uns vor, das Fest erst nach dem letzten Bissen zu beenden. Andreas spielte zwischendurch auf der Gitarre. Er wurde von den Diskussionsgruppen links und rechts kaum wahrgenommen. Das tat nichts zur Sache. Er spielte zum eigenen Vergnügen. Die Lehrer verschwanden in der Menge. Sie sassen ebenfalls auf dem Boden. Die Stühle blieben leer. Von Zeit zu Zeit öffnete ich die Fenster, um den Tabak- und Pfeifenrauch der Frühlingsluft zu übergeben. Dann setzte ich mich wieder zu einem der Menschenknäuel und vergass die **Gastgeberrolle.** Es

gab so vieles zu verändern auf dieser maroden Welt inmitten dieser verknöcherten und verklemmten Gesellschaft.
Als der letzte Zug abgefahren war, aber sich noch lange nicht alle verabschiedet hatten, entdeckte einer der Gäste meine farbigen Murmeln, die ich aus meiner Kinderzeit hinübergerettet hatte. «Solche Dinger hatte ich früher auch», rief er in die Runde. Er nahm sie in die Hand und rollte eine Murmel nach der andern auf die gegenüberliegende Seite. Derjenige, der eine davon fasste, gab sie weiter, zum Nächsten und Übernächsten. Jetzt waren es nicht mehr die Glaubenssätze, die sich in den Köpfen festkrallten. Am frühen Morgen war die Zeit der sanfteren Töne angebrochen. Die Zeit des Glasperlenspiels.

Pong: Gastgeberrolle

Ausgelöst durch den Begriff «Gastgeberrolle», der mich nicht mehr loslässt, und sicher auch durch das Thema «Einladung» ist mein Pong entstanden.

Zu Weihnachten hatte ich einen elektrischen Kinderkochherd bekommen. Zwei Herdplatten, zwei Pfännchen. Nun wurde gekocht. Gast in meiner neu eröffneten Wirtsstube war der Nachbarsjunge vom oberen Stock. Er war ein dankbarer Esser. Omelette um Omelette brutzelte in dem kleinen Bratpfännchen und wurde serviert mit Konfitüre oder Zucker. Leider war die Freude von kurzer Dauer. Mein Gast entdeckte neue Freizeitaktivitäten und mein Wirtshaus blieb leer. Ob das vielleicht das Omen für meine zukünftige Gastgeberrolle war?
Geprägt bin ich sicher aus meiner Kindheit. Meine Mutter liebte Gäste, sie war die beste Kaffeebrauerin in der Gegend. Zudem zauberte sie die schönsten kalten Fleisch- und Käse-

plättchen aus der Küche hervor, dazu ein Glas Wein, und alle waren zufrieden. Ich war es nicht gewohnt, dass man für Gäste richtig kochen könnte, dass man ein ganzes vollständiges Menü zubereiten sollte, ja, dass das sogar erwartet wurde.

Mein Ehemann vertrat eine ganz andere Gastgeberkultur. Da wurde gekocht, gebraten, gedünstet und geschmort. Vorspeise, Hauptgang, Dessert, wie am Schnürchen abgewickelt. Die Einladungen waren offiziell, der Termin abgemacht, das Menü im Vorfeld besprochen. Selbstverständlich war es mein Ziel, eine gute Ehefrau zu sein. So vertiefte ich mich in die gesammelten Werke Betty Bossis und tat mein Bestes. Die Käse- und Fleischplättchen meiner Mutter gerieten in Vergessenheit.

Zu Beginn machte mir die neue Gastgeberrolle Spass. Wir lebten im Ausland. Ich arbeitete nicht mehr ausser Haus und hatte Zeit, meine Kochkünste zu perfektionieren. Bis ich alles einmal durchgekocht hatte, die Herausforderung verblasste und nur noch der Stress blieb. Einladungen wurden zur Pflichtübung. Wo waren die angeregten Gespräche aus der Jugendzeit, wenn ich – während sich die Gästeschar in der Stube erwartungsvoll unterhielt – in der Küche verzweifelt die angebrannten Hühnerschenkel zu retten versuchte und zugleich die Metamorphose der selbst fabrizierten Knöpfli in eine klebrige Masse verhindern sollte, der Rahm säuerlich schmeckte, weil ich ihn nicht schnell genug kühl gestellt hatte, und das Gemüse in einem unbeobachteten Augenblick verkochte.

Es brauchte Jahre, bis ich langsam, ganz langsam die Vorstellung von Gastgeberrollen revolutionieren konnte. Da waren Fingerspitzengefühl und Geduld gefragt. Latent subversiv setzte ich meine Mittel ein. Fertig- oder Halbfertigprodukte wurden ja nicht toleriert. Welche Hausfrau, die etwas auf sich hält, greift zu diesem Zeug? Doch für mich waren diese neuzeitlichen Errungenschaften die Rettung.

Meine Fantasie kreierte die tollsten Rezepte, wenn ich nach der Zubereitung der Mahlzeiten gefragt wurde. Die Packungen und Tüten, denen die Speisen entsprungen waren, versenkte ich tief im Abfalleimer. Jeder gewiefte Täter weiss seine Spuren zu tilgen. Es war Notwehr, pure Notwehr, und so hoffe ich innigst, dass mir diese Lüge dereinst am Himmelstor verziehen wird.
Die Zeit hat für mich gearbeitet. Kürzlich erwähnte mein Gatte, es wäre doch praktisch, den eingeladenen Gästen eine feine kalte Fleisch- und Käseplatte aufzutischen. Ich schmunzelte und dachte «… und zum Nachtisch Omelette mit Konfitüre oder Zucker», verwarf den Gedanken jedoch umgehend. Man soll alte Geister nicht wecken.

Ping: Es brauchte Jahre …

Beim Thema «Essen» möchte ich bleiben. Mir kommen meine Grosseltern in den Sinn, meine vielen Besuche bei ihnen, immer verbunden mit Essen in irgendeiner Form.

Meine Grosseltern wohnten im dritten Stock in einer Drei-Zimmer-Altbauwohnung. Wenn ich sie besuchte, knarrte im Treppenhaus unter mir jede einzelne Treppenstufe. Nicht nur an Samstagen roch es nach Bienenwachs. Meistens hörten mich meine Grosseltern, bevor ich oben auf der letzten Stufe vor ihrer Wohnung ankam. Sie öffneten die Wohnungstür, und schon stand ich in ihrem Reich. Augenblicklich fühlte ich mich im langen dunklen Gang so geborgen, wie sonst nirgends in der Stadt Zürich. Abends, nach dem Nachtessen, sass Grossmutter jeweils am Stubentisch, der mitten im Wohnzimmer stand. Die Füsse auf dem samtenen Schemel, schälte sie einen Apfel und schnitt ihn in kleine Stücke. Später las sie Grossvater aus der Zeitung vor. Er sass immer im Lehnsessel hinter ihr und las **Karl May,** oder er tat nichts. Meine Grosseltern setzten sich nicht mit mir auseinander, fragten mich nicht aus, spielten mit mir kein Spiel, aber ich spürte, dass ich bei ihnen willkommen war. Immer.

Ich erinnere mich, dass wir nur an Weihnachten am Wohnzimmertisch assen. Das weisse Tischtuch, verbunden mit dem festlichen Mahl, war ungewohnt. Zwar freute ich mich schon beim Hauptgang auf die Ananasscheiben aus der Dose und besonders auf den süssen Saft, aber die feierliche Stimmung passte irgendwie nicht in diesen Raum. Viel lieber sass ich mit Grossmutter und Grossvater am Küchentisch und ass mit ihnen das, was auf dem Gasherd hinter uns gekocht, gebacken oder gesotten wurde.

Manchmal durfte ich mit einem Geldstück in der Hand in die Bäckerei um die Ecke und dort ein Guetzli für fünfzehn Rappen auswählen. Manchmal kaufte mir meine Grossmutter ein Toni-Erdbeeren-Joghurt im Glas. Im Sommer füllten wir dann das Waschbecken im Badezimmer mit kaltem Wasser und legten das Glas sorgsam hinein. Auch die Butter hatte im Wasserbad Platz. Die Resten des Mittagessens deckte Grossmutter mit einem Teller zu und stellte die Pfanne auf die Ablage. Manchmal vergass sie den Teller und die Resten blieben ungeschützt sich selbst überlassen. «Wie unhygienisch», stellte meine Mutter fest, wenn sie ebenfalls zu Besuch war, und zeigte mit dem Finger auf die Fliegen, die nur darauf warteten, vom Käsekuchen zu stibitzen. «Wäre es nicht langsam an der Zeit, um...» Weiter kam Mutter nicht. Grossmutter unterbrach sie. Sie habe noch nie eine Magenverstimmung wegen des Essens bekommen, und Grossvater übrigens auch nicht. Ein Kühlschrank komme ihr nicht ins Haus. Der brauche Platz und zu viel Strom. Früher seien die Familien während Jahrhunderten ohne Eisschrank ausgekommen. Weshalb nun alle dieses neumodische Ding haben wollten, sei ihr schleierhaft.

Selbstverständlich hatten wir zu Hause schon lange einen Kühlschrank. Im Sommer mussten wir nicht mehr jeden Tag mit dem Milchkesseli im Milchladen anstehen wie Grossmutter. Und die Resten vom Vortag blieben frisch. Je älter ich wurde, desto kritischer betrachtete ich abends bei meinen Grosseltern Resten und Fliegen. War der Kartoffelauflauf wirklich noch geniessbar? Der Rhabarber-Kompott dünkte mich seltsam im Geschmack.
Als dann endlich nach Jahren ein Kühlschrank in der Küche stand, war ich nur noch ein seltener Gast an der Bertastrasse. Meine Kindheit hatte ich wie ein Kleidungsstück abgeworfen. Dass meine Grosseltern nun Butter, Milch und Joghurt im Kühlschrank lagerten, war mir in der Aufbruchstimmung der Jugendjahre entgangen. Ich war dem Grosselternnest entflohen und suchte nun die Weite des mir Möglichen. Grossmutter und Grossvater aber beschränkten sich immer mehr auf das Wesentliche, trotz Kühlschrank.

Pong: Karl May

Karl May lässt sich nicht vertreiben. Die Erinnerung ist da! Längst vergessene Bilder tauchen auf und das Aufschreiben geschieht ganz von selbst.

Karl May gehörte meiner Schwester. Sie war es, die diese mit geheimnisvollen Geschichten gefüllten dicken, grünen Bücher zu Weihnachten oder zum Geburtstag geschenkt bekam. Auf meinem Gabentisch lagen «Theresli» und «Vreneli» von Elisabeth Müller, Bücher mit einem Abdruck von Kreuzstichbordüren auf dem Buchdeckel.
Mein Vater las viel. Mit Begeisterung las er die neue Lektüre der älteren Tochter. Er entdeckte Karl May. Ihm wurde in

seiner Jugend diese Lektüre verboten, da zu deutsch. Und nun also ein Karl-May-Revival in unserem Haus. Einmal mehr stärkten sich die Bande zwischen meinem Vater und meiner älteren Schwester. Ich fühlte mich ausgeschlossen, obwohl meine Mutter mir liebevoll «Anneli» von Olga Meyer vorlas und meine Aversion gegen irgendwelche Form von Kreuzstichen akzeptierte. Doch was sind Annelis Erlebnisse im Tösstal im Vergleich zu Winnetous und Old Shatterhands Abenteuern in der fernen Prärie.
Als ich später in der Bibliothek meine Bücher selber auswählen durfte, habe ich nie zu den Karl-May-Bänden gegriffen. Man hat seinen Stolz, das war mein **Credo.**
Eine weitere Etappe mit Karl May waren die Kinofilme. Meine Schwester schwärmte für den Darsteller von Winnetou und bastelte aus Papier-mâché eine Indianermaske für ihren Angebeteten. Das Geschenk wurde sorgfältig eingepackt, verschnürt und an die Adresse des Schauspielers Pierre Brice in Paris geschickt. Hier muss ich der Vollständigkeit der Geschehnisse halber einfügen, dass zu diesem Zeitpunkt mein Vater die Leidenschaft der älteren Tochter nicht mehr teilte. Er wandte sich neuer Lektüre zu und las Arthur Schnitzler. Das wenigstens war eine kleine Genugtuung für mich.
Doch der Neid wurde umgehend wieder geschürt. Meine Schwester erhielt Post aus Paris. Ein Fotoporträt in schwarzweiss mit der Abbildung von Winnetou auf seinem Pferd, darunter eine schwungvolle, handgeschriebene Unterschrift. Die Trophäe zeigte sie, wo immer sie konnte. Nur meine Eltern hatten dieses stille, etwas süffisante Lächeln auf dem Gesicht, wenn ihre Älteste wieder mit ihrer Errungenschaft prahlte.
Das Leben geht seltsame Wege – ich habe tatsächlich eine Zeit mit Kreuzstich- und Gobelinsticken verbracht und dafür viel Lob geerntet. Doch nicht von meinem Vater. Er hatte keine Affinität zu Stickereien. Dafür eroberte ich mit meinen

Werken andere Herzen – wie nützlich das ist, erfuhr ich erst, als ich verheiratet war. Aber das ist nun wirklich eine ganz andere Geschichte.

Ping: Credo

Credo, Kirche, Grosseltern. Erlebnisse, die mich geprägt haben und die jetzt, während des Schreibens, plötzlich ganz klar und deutlich vor mir auftauchen. Die Erinnerungsbilder sind, was das Grosselternhaus betrifft, besonders stark.

Mein Grossvater war ein gepflegter Mann. Nie bemerkte ich einen krummen Scheitel oder ein zerknittertes Hemd an ihm. Wenn ich bei meinen Grosseltern übers Wochenende auf Besuch war, gingen wir am Sonntagmorgen Hand in Hand in die Kirche. Stets liessen wir einen Hauch **Eau de Cologne** hinter uns. Kurz vor dem Kirchenportal zog Grossvater seinen Kamm aus der Hosentasche und zog auch meinen Scheitel zu einem kerzengeraden Strich.
Bei unserem Eintritt stand der Priester schon auf der Kanzel und predigte das Wort Gottes. Kein Sitzplatz war mehr frei. Das war nicht schlimm, denn Grossvater stand – soweit ich mich erinnern kann – stets zuhinterst dicht neben der Tür. Ein Eisengitter trennte das betende Volk von den zuschauenden, herumstehenden, stummen Männern, wie Grossvater einer war. Ich stand neben ihm und wartete bis kurz nach dem Segen, dann setzte Grossvater seinen Hut auf und verschwand mit mir ins Freie. Aus der Kirche erklang nun das Schlusslied, begleitet von der Orgel. Aber bereits beim nächsten Häuserblock blieb nur noch die Melodie in meinem Kopf. Die lange halbe Stunde, die wir in der muffigen Kirchenluft hatten ausharren müssen, war nun vorbei,

die Sonntagspflicht für die nächsten sieben Tage hatten wir erfüllt.
Der Heimweg zog sich in die Länge, denn die Kirche, die Grossvater für den Gottesdienst auswählte, war nicht in seinem Wohnquartier. Wir überquerten Strasse um Strasse, die sich alle ähnelten, wie die Strasse, wo meine Grosseltern wohnten: fünfstöckige alte Stadthäuser mit Balkonen und Zinnen, auf denen an Werktagen die Wäsche flatterte. Im Treppenhaus bemühten wir uns, leise und schnell in die zweitoberste Etage hinaufzusteigen, hatten wir doch beide keine Lust, dass sich Nachbars Türen öffneten und wir «Guten Tag» sagen mussten.
Grossmutter stand bereits am Herd und rührte in den Pfannen. Sie war früher nach Hause gekommen. Meine Grosseltern waren über vierzig Jahre verheiratet, hatten die gleiche Religion und glaubten an den gleichen Gott, gingen aber an den Sonntagmorgen getrennt in zwei verschiedenen Kirchen in die Messe. Meine Grossmutter sang im Kirchenchor der Kirche Herz Jesu und Grossvaters Kirche hiess Peter und Paul. Abends, wenn ich in der Stube auf dem Sofabett lag, hörte ich hinter verschlossener Tür meine Grosseltern gemeinsam das «Vater Unser» beten. Nur in der Kirche beteten sie nicht miteinander. Vielleicht, überlege ich mir heute, war der getrennte Kirchenbesuch die einzige private Freiheit, die sie sich während ihrer Ehe gestatteten.

Pong: Eau de Cologne

Das Ping «Credo» und der Begriff «Eau de Cologne» beflügeln dieses Mal meine Fantasie. Biografische Elemente sind mit Fiktivem ausgeschmückt worden. Ohne Fantasie wäre unser Leben weniger reich!

Erst Jahre später habe ich erfahren, dass der Name des Zauberwässerchens «Odögolon» französischen Ursprungs ist. Wir nannten es der Einfachheit halber und weil es unserem rauhen Schweizer Dialekt näher stand seit eh und je «Kölnisch». Hin und wieder, wenn meine Mutter ganz Dame von Welt sein wollte, sprach sie von Siebenundvierzigelf. Das war für meine Ohren wie ein Geheimcode. Ich war etwas irritiert. Warum nur hatte ein Duftwässerchen so viele verschiedene Namen, dabei handelte es sich doch immer um das gleiche Fläschchen mit der türkis-schwarzen Etikette und den Zahlen 4 – 7 – 1 – 1. Ein Drehverschluss bewahrte den kostbaren Duft im schlanken Glas. Eingesetzt wurde dieser nur in Notfällen.

Solche **Notfälle** trafen vorwiegend auf langen Autofahrten ein, wenn meine Schwester auf dem Sitz neben mir bleicher und bleicher wurde und sich über Übelkeit beklagte. Dann griff meine Mutter zum erwähnten Fläschchen, drehte den Verschluss auf, streckte den linken Arm mit der Rettung in der Hand nach hinten und befahl: «Einatmen, tief einatmen und langsam ausatmen. Und wieder einatmen, tief einatmen und ganz langsam ausatmen.» Der Parfümduft erreichte mich auf dem Nebensitz. Meine Fahrtüchtigkeit war legendär. Mir wurde nie übel. Doch jetzt, wie sich der Duft im ganzen Auto ausbreitete und meine Schwester die Aufmerksamkeit auf sich zog, war meine Stunde gekommen. «Mir wird es schlecht», jammerte ich, «ich kriege keine Luft mehr.» Aus heutiger Sicht hätte ich mich über eine Eau-de-Cologne-Allergie beklagen können und wäre ohne Vorbehalt auf Verständnis gestossen. Doch damals herrschten andere, unzimperliche Zeiten. «Vom Kölnisch wird niemandem schlecht», entgegnete meine Mutter. «Und wenn schon, dann kannst du gleich mitatmen. Tief einatmen und langsam ausatmen.» Aus heutiger Sicht muss ich sagen: Meine Mutter war die perfekte Atemtherapeutin. Während wir beiden Kinder also ein- und ausatmeten, lenkte

mein Vater den Wagen durch den Verkehr. Er schwitzte und suchte nach einer Parklücke. Dass seine ältere Tochter sich übergeben und dabei die Polster des Autos ruinieren könnte, war seine Horrorvision. Die Fahrt zu unterbrechen und anzuhalten, war die einzige Lösung. Meine Mutter, ganz Herrin der Lage, tupfte ein paar Tropfen Kölnisch auf die Stirn des gestressten Vaters. Meistens kehrte irgendwann Ruhe ein. Der Magen meiner Schwester hatte sich beruhigt, mein Vater fuhr weiter und liess die Parklücken links liegen. Meine Mutter verschloss das Fläschchen und verstaute es in ihrer Handtasche.
Und ich begann nachzudenken. Was muss das für ein Zauberwässerchen sein, das meiner Schwester den Brechreiz vertrieb, das meinen beim Autolenken zu cholerischen Ausbrüchen neigenden Vater zum zahmen Lämmlein machte, das ich, obwohl ich bei Autofahrten das Gegenteil behauptete, sehr gerne roch, und das mich verführte, hin und wieder heimlich in die Handtasche meiner Mutter zu greifen, den Drehverschluss zu öffnen, und ein- und auszuatmen, ein- und auszuatmen, bis ich ganz benommen war? Ich fühlte mich dabei immer schuldig. 4711 war ein Allheilmittel, aber ich ahnte, dass es auch der Duft der weiten Welt war. Der Duft Kölns, der Grossstadt, wo Dinge geschahen, die mich nichts angingen, verführerische Dinge.
Das Fläschchen verschwand irgendwann aus der Handtasche meiner Mutter. Gegen Reisekrankheit waren Medikamente erhältlich. Wer etwas auf sich hielt, kaufte kein Kölnisch mehr, sondern eines der modernen französischen Parfüms. Frankreich hatte Deutschland besiegt.

Ping: Notfälle

Was für eine Strategie hatte meine Familie für mögliche oder tatsächliche Notfälle? Ich sehe, wie mein Vater in der Küche auf dem Boden kniet und sich nützlich macht.

Dieses Wort war mir schon als kleines Kind vertraut. In der Küche unter dem Spültrog hinter dem Ochsnerkübel war an der Wand ein Brett befestigt. Wenn mein Vater unter den Spültrog kroch, mit dem Schraubenzieher das Brett an der Wand löste und drei Plastikkanister hervorzog, dann wusste ich warum: Das Wasser in den 5-Liter-Kanistern musste erneuert werden. Er tat dies alle zwei Monate. Für den Notfall. Für den Fall der Fälle, sollte plötzlich kein frisches Wasser mehr aus dem Wasserhahn fliessen, dann wären wir gerettet, meine Eltern und ich. Meine Mutter hatte auch immer genügend Reis, Zucker und Öl im Vorratschrank für den Fall der Fälle. Eines Tages kauften meine Eltern Daunenschlafsäcke. «Man weiss nie», sagten sie, «plötzlich versagt die Heizung, und das mitten im Winter.» Kerzen und Taschenlampen lagen in einer bestimmten Schublade. Für den Notfall, der hoffentlich nie eintreffen würde.

Er trat nie ein. Ich konnte ihn mir auch gar nicht vorstellen. Es mangelte mir in meiner Kindheit an nichts, ich wurde satt und meine Freunde selbstverständlich auch. Alle Menschen, die ich kannte, hatten genug zu essen und mussten weder frieren noch sonst etwas Wesentliches entbehren.

Als ich dreizehn war, begann ich zuerst leise, dann immer lauter zu spötteln, wenn meine Eltern das Wort «Notvorrat» in den Mund nahmen. Ich fand ihr Verhalten spiessig. Ich fand meine ganze Verwandtschaft spiessig. Bei meiner Grossmutter väterlicherseits fanden mein Vater und seine

Geschwister nach ihrem Tod ein Dutzend Kaba-Schächtelchen im Kleiderschrank und in verschiedenen Schubladen, vollgestopft mit Münzen. Sie lächelten über ihre Mutter. Ihr Ehemann, mein Grossvater, arbeitete als Handlanger im Geleisebau. Der Geldsegen blieb selbstverständlich aus. Mein Vater war das älteste Kind dieser Arbeiterfamilie. Während des Kriegs schickte ihn die Mutter über den Balgacherberg ins Appenzellerland mit einem Sack Mais auf den Schultern. Dafür bekam er von den Bauersleuten Butter. All diese Geschichten prägten meine Vorfahren. Man musste sparen und vorsichtig sein, umsichtig auch und Notvorräte anlegen. Wer weiss schon, wann der nächste Krieg kommt und wann Not über unser Land einbrechen könnte.
Irgendwann schenkten meine Eltern ihren Enkeln die Daunenschlafsäcke, die sie nie gebraucht hatten. Warum meine Söhne diese Daunenschlafsäcke bekamen, wussten sie nicht. Sie hätten sowieso nur gelacht. Später zogen meine Eltern in ein anderes Quartier in eine **Neubauwohnung,** die keine Nischen für Plastikkanister bot. Für Säcke voller Zucker und Reis fehlte der Platz. Kerzen waren da, um eine romantische Stimmung zu erzeugen, und nicht für Stromausfälle. Meine Eltern sind zwar Kinder ihrer Zeit, fühlen sich aber auch mit der Gegenwart verbunden. Deshalb ist für meine Mutter das Wort «Notvorrat» ein ziemlich fremdes Wort geworden. Vor Notfällen jedoch hat sie einen grossen Respekt. Ich selbstverständlich auch.

Pong: Neubauwohnung

«Neubauwohnung» und die Erinnerung ist da, eine alte Erinnerung aus der frühen Kindheit, wie ein Flash, der mich zu meinem Pong inspiriert und mich über die Jugendjahre

bis ins Erwachsenenleben führt. Vielleicht ist das sogar ein Stück Sozialgeschichte.

Ins nahe der Altstadt gelegene etablierte Quartier mit dem alten Baumbestand und Villen und Häusern aus der Jahrhundertwende zog in den späten Fünfzigerjahren ein frischer Wind ein. Die alten Herrschaftshäuser hatten ausgedient, wurden verkauft. Die Investoren sahen ihr grosses Geld im Immobilienmarkt. Neubauwohnungen, das war das Zauberwort der Moderne. So entstand in unserer **Nachbarschaft** eine Blocküberbauung, hässlich und fern jeglicher Feng-Shui-Tradition, aber modern. Meinen Eltern war dieser Wandel ein Dorn im Auge. Nicht wegen der Überbauung an sich. Sie gingen mit der Zeit und fanden nichts Pittoreskes an der Kohlenheizung und am sich ausbreitenden Schimmel an der Stuckdecke in der Stube. Auch hätten sie aufs Bohnern der alten Parkettböden verzichten können. Doch meine Eltern fühlten sich wohl, da, wo sie lebten. Sie genossen den grossen Garten mit Bäumen, Sträuchern und Rosenbeeten. Man wohnte an einer guten Adresse, man war unter seinesgleichen. Doch nun entstand in nächster Nähe eine Wohnlandschaft von Neubauten. Wer würde da einziehen? Nun muss ich erwähnen, dass mein Vater ein hohes soziales Verantwortungsgefühl hatte. Er machte keinen Unterschied, woher und warum eine Patientin zu ihm kam. Er half, versuchte zu heilen und vergass auch hin und wieder, eine Leistung zu verrechnen, weil er die ärmlichen Verhältnisse einer Familie wahrnahm. Er bewegte sich vermutlich auch ab und zu an der Grenze zur Legalität, ganz einfach, weil er ein Frauenleben vor einem traurigen Schicksal retten wollte. Wie eine Gnade Gottes empfand er die Erfindung der Antibabypille. So kann die Empfängnisverhütung theologisch ganz unterschiedlich ausgelegt werden.
Auf einem ganz anderen Blatt aber stand die Erziehung seiner beiden Töchter. Mit wem sie Kontakt pflegen sollten, war

klar definiert: mit seinesgleichen. Uns Mädchen wurde das Spielen auf dem Vorplatz der Neubauwohnungen verboten. Man wusste nicht, was für Gesindel sich dort herumtrieb. Meine Schwester interessierte das nicht, sie hatte ihre Freundinnen und Spielkameraden. Auch ich hatte meine Freundinnen. Doch das war kein Trost. Ich schaute immer wieder ängstlich zu den grossen Bauten, die ich durchs Küchenfenster sehen konnte. Was nur geschah dort? Wohnte dort die Hexe aus dem «Hänsel und Gretel»? Oder eine böse Zauberin? Hin und wieder sah ich eine schwarze Katze im Garten. Kam die aus den Neubauwohnungen? Eine verzauberte Prinzessin? Verbotenes Land, das mich nicht losliess und bis in meine Träume verfolgte.

Später lernte ich ein Mädchen aus den Neubauwohnungen kennen. Ihre Eltern waren geschieden, wie man sagte. Ich hatte keine Ahnung, was das hiess. Meine Mutter begutachtete meine neue Freundin und prüfte sie nach mir gänzlich unverständlichen Kriterien. Am Familientisch wurde dann beschlossen, dass es schon in Ordnung sei, wenn ich mir ihr spiele. Ich sollte dies aber nur in unserem Garten tun. Meine neue Freundin war bezaubernd. Sie hatte lange blonde Haare, Feenhaare? Und sie bewegte sich grazil. Doch die Freundschaft war von kurzer Dauer, aus welchen Gründen auch immer. Unsere Wege trennten sich.

Die späten Sechziger- und frühen Siebzigerjahre rollten ins Land und auch ich rebellierte gegen das Establishment. Zu meinen Freunden zählte nur, wer jeglichem Klassendenken absprach. Meine Favoriten waren Jugendliche, die aus einem geschiedenen Elternhaus stammten und in Blockwohnungen gross geworden waren. Da traf ich zufällig eines Morgens im Zug nach Zürich meine Nachbarsfreundin aus Kindertagen. Sie erzählte mir aus ihrem Leben an der Schauspielschule. Ich freute mich sehr. Sie war noch immer anmutig, und ihr Haar war Feenhaar. Wieder verloren wir uns aus den Augen.

Jahrzehnte später, als ich meine betagte Mutter im Altersheim besuchte, zeigte sie mir voller Begeisterung einen Zeitungsartikel und sagte stolz: «Schau, das ist doch deine ehemalige Freundin und Nachbarin. Sie ist eine gefragte Schauspielerin und spielt im In- und Ausland.» Hatte meine Mutter vergessen, wie das damals gelaufen war am Familientisch? Ich glaube nicht. Ich glaube, ihr langes Leben hat die gesellschaftlichen Kanten abgeschliffen und das Alter hat den Kreis ihresgleichen erweitert.

Ping: Nachbarschaft

Das Wort «Nachbarschaft» sticht mir in die Augen, weil es so wichtig in meiner Kindheit war.

Das Herzstück der Genossenschaftssiedlung war der kleine Weg, der die Bewohner der Sechsfamilienwohnhäuser voneinander trennte und gleichzeitig verband. So wie die Hauptgasse in einem Städtchen. Von unserem Balkon konnten wir – während wir beim Mittagessen die Suppe löffelten – zwischen **Geranienkistchen** und Sonnenstoren diskret hinunter auf den Weg blicken.
Wer jeweils kurz vor zwölf Uhr mit der Einkaufstasche den Weg hinuntereilte, war Frau Kramer. Sie musste im Milchladen noch schnell ein paar Einkäufe tätigen. Für meine Mutter war Frau Kramer eine rücksichtslose Person. Sie fand es nicht richtig, so kurz vor Ladenschluss das Verkaufspersonal aufzuhalten.
Hingegen freundlich begrüsst wurde jeweils der Verwalter der Genossenschaftssiedlung, wenn er auf dem Weg in die oberen Häuser zufällig zu uns hinaufblickte. Herr Kaufmann, sagte meine Mutter, kenne die Mieter sehr gut und wisse

ganz genau, wer zu den Wohnungen Sorge trage und wer nicht. Da sei er doch letzthin bei Frau Moser gewesen und hätte festgestellt, dass ihr Backofen strotze vor Schmutz.
Meine Mutter kannte fast alle Genossenschaftsmieter. Während ich die Schulstunden absass, nützte sie manche freie Hausfrauenstunde, um sich ein bisschen mit den Nachbarinnen auszutauschen und so den Alltag zu versüssen. So wusste sie zum Beispiel auch, dass meine Schulkollegin Monika einen Vater hatte, der weder lesen noch schreiben konnte. Er war aber kein Afrikaner – das gab es zu meiner Zeit in der Genossenschaftssiedlung noch nicht –, sondern ein Mann, der so redete wie ich. Seine Frau erledigte alle Formalitäten. Monika, die Tochter, hatte Mühe, den Schulstoff zu verstehen – ich hatte immer ein bisschen Erbarmen mit ihr.
Sie gehörte nicht zum Kreis meiner engen Freundinnen und Freunde, obwohl sie im Haus gegenüber wohnte. Gut die Hälfte meiner Schulklasse waren Kinder unserer Siedlung. Kein einziges Mal während meiner Primarschulzeit war ich auf dem Schulweg allein. Zwar vermischten wir uns auf dem Schulhausplatz mit den anderen Schülern aus Schwamendingen, aber später auf dem Heimweg und noch später, während der Freizeit, waren wir wieder unter uns. Wir spielten Völkerball hinter dem Haus und fuhren mit den Rollschuhen den Quartierweg x-mal hinauf und hinunter. Wir erfanden Ballspiele, spielten «Himmel und Hölle», und später, als wir dem Kinderstatus entschlüpft waren, suchten wir Ecken und Winkel auf, um, wie unsere Mütter, Geheimnisse auszutauschen. Ich konnte mir meine Freunde aussuchen, in fast jedem Haus wohnten mehrere Kinder in meinem Alter. Es wäre mir deshalb nie in den Sinn gekommen, eine Schulkollegin ausserhalb der Siedlung als Freundin auszuwählen.
Bei Heinz, ebenfalls einem Schulkameraden, der später, viel später für kurze Zeit mein Freund wurde, schaffte es meine Mutter nicht, hinter das Geheimnis der Familie Basler zu

kommen. Heinz lief manchen Sonntagnachmittag mit seinem Vater den Weg hinunter und ein paar Stunden später den Weg wieder hinauf. Ohne seine Mutter. Ich wusste das, weil die Sonntagnachmittage die ödesten Stunden der Woche waren. Die Sonntage und die Familie verschmolzen zu einer Einheit. Da schlief die Siedlung. Manche Stunde schaute ich gelangweilt von der Balkonbrüstung auf den Weg hinunter. Ich fand kein Kind, mit dem ich hätte spielen können. Mir fiel deshalb auf, dass Heinzens Mutter nie dabei war, wenn Vater und Sohn auf dem Sonntagsspazierung waren. Doch nicht mal meine Mutter wusste, warum. Heinz hatte zwar eine Mutter, aber sie bewegte sich nicht im Hausfrauenknäuel.

Den Genossenschaftsweg gibt es heute noch, auch wenn die Nachbarn längst weggezogen oder gestorben sind. Vor ein paar Jahren suchte ich ihn auf und fand ihn mickrig und menschenleer. Einfach ein kleiner Betonweg für die Bewohner rechts und links der Siedlung. Sonst nichts. Für mich ist auch klar, dass heute in den renovierten Drei- und Vier-Zimmer-Wohnungen Einzelpersonen wohnen, allenfalls ganz junge oder alte Paare. Diese Mieter leben individualistisch. Hausfrauenklatsch, oder etwas feiner ausgedrückt, Hausfrauengespräche in der Waschküche zum Beispiel, finden wohl kaum mehr statt und schon gar nicht auf dem Siedlungsweg. Deshalb erfahren die heutigen Bewohner wahrscheinlich auch keine Geschichten und Geheimnisse ihrer Nachbarn mehr, die ein kleines bisschen, aber wirklich nur ein bisschen brisant sind.

Pong: Geranienkistchen

Das ist der Zauber des Ping-Pong-Schreibens. Das Wort «Geranienkistchen» ist der Auslöser: Tante Anni steht vor mir. So ist dieses Porträt entstanden – längst vergessen und jetzt erzählt.

Kaum hatten die Eisheiligen das Land verlassen und es drohte kein Frost mehr, kam Tante Anni mit Körben voller Geranien. Sie war die Stiefmutter meines Vaters und viel jünger, als eine Grossmutter zu sein hatte. Ihr Mann, mein Grossvater, war schon lange gestorben. Tante Anni kaufte die Geranien auf dem Markt in Winterthur und brachte sie meiner Mutter. Das war so Tradition und ein Dank für die Aufmerksamkeiten während des Jahres. Ein bisschen fürchtete ich mich vor dieser vor Energie strotzenden Frau, die kein Blatt vor den Mund nahm, um ihre Meinung zu sagen. Obwohl ich mitten in der Pubertät war und mich mit Vehemenz gegen autoritäre Vorschriften der älteren Generation wehrte, versagten bei Tante Anni alle meine rebellisch-revolutionären Ansätze. Ich wurde zahm wie ein Lamm und schaute ganz einfach zu, wie das Zeremoniell ablief. «Wunderschön, sind sie wieder, du hast ein Händchen, die gesündesten Pflanzen auszulesen», sagte meine Mutter zu ihrem Besuch. «Papperlapapp, nur keine falschen Komplimente. Geranien sind Geranien», war die prompte Antwort. Die Tante liess sich, erschöpft vom langen Fussmarsch und dem Tragen der schweren Körbe, in den Gartenstuhl sinken.

«Ein Glas gekühlter Tee, das wäre jetzt doch fein», orderte sie. Kein langes Gesäusel wie «Es ist doch nicht nötig», «Nein, nein, mach keine Umstände» und all diese Floskeln, die bei Gästen üblich waren. Meine Mutter hatte den Tee schon am

Vormittag zubereitet. Nun sassen die beiden Frauen etwa eine Viertelstunde zusammen. Dann marschierte Tante Anni wieder ab. Sie hatte Programm und keine Zeit für lange Plauderstündchen. Als Kirchenmusikerin und Klavierlehrerin war sie eine selbstständige, berufstätige Frau. Eine Ausnahmeerscheinung zu jener Zeit.

Meine Mutter setzte die Geranien. Nicht in Kistchen, wie das üblich war, nein, in grosse Tontöpfe. Das sei südländisch und nicht so bünzlig. Ich muss sagen, sie gefielen mir, diese fetten, roten Blumen, die dem Sitzplatz Farbtupfer aufsetzten.

Tante Anni wurde über hundert Jahre alt und mit jedem Jahrzehnt sanfter. Die letzten Lebensjahre verbrachte sie im Altersheim, summte Kirchenlieder und freute sich an den Geranien vor ihrem Fenster. Leider habe ich sie kaum besucht. Ich war mit meinem eigenen Erwachsenwerden beschäftigt. Heute freue ich mich an den Geranien im Garten. **Rote,** satte Bernerrosen, in Töpfen, nicht in Kistchen.

Ping: Rot

Das letzte Pong weckt in mir Frühlingsgefühle. Erinnerungen aus meiner Kindheit, die mit dem heissersehnten Tragen der Kniestrümpfe anstelle der wollenen Strumpfhosen zu tun haben, aber auch mit etwas, das klein, rot und rund ist und ebenso in diese Jahreszeit passt.

Der Lieblingsball in meiner Kindheit war ein roter, praller Vollgummiball, der so klein war, dass er sich in meiner Handfläche einschmiegen konnte, der sogar in meiner Schürzentasche Platz fand. Ich musste mich nicht besonders anstrengen, damit ich ihn im Kinderzimmer vom Boden zur Decke

hinauf und wieder auf den Boden zurück schlagen konnte. Ich liebte dieses Spiel. Doch meine Mutter, besorgt um die reibungsfreie Nachbarschaft, mahnte mich: «Bälle sind für draussen gemacht, daran musst du dich halten.»
So sorgte er in Zukunft auf dem Schulweg für Abwechslung. In diesen zehn Minuten bis zum Schulhaus liess ich ihn Dutzende Male auf dem Asphalt hin und zurück tanzen. Drei Schritte allein, einen Schritt mit dem Ball, so ungefähr gestaltete sich unser Zusammenspiel. Auf dem Pausenplatz versorgte ich ihn im Schulranzen, um ihn auf dem Heimweg sofort wieder aus der Dunkelheit zu befreien. Mit einer Freundin auf der einen Seite und dem Ball auf der anderen, hüpften und sprangen wir zu dritt nach Hause.
Diese Liebesgeschichte hatte auch ihre Tücken. Die grösste Gefahr lauerte hinter Büschen. Immer dann, wenn ich ihn übermütig auf den Boden knallte, rächte er sich und verschwand irgendwo im Gestrüpp oder gar auf der Strasse. Gefährlich wurde es auch dann, wenn ein Junge mir meinen Ball streitig machte. Nicht einer, es waren manchmal mehrere. Sie duckten sich hinter den Büschen und ehe ich mich wehren konnte, schnappten sie meinen Gefährten. Und eines Tages war er weg.
In jeder **Liebesgeschichte** gehören Wut und Trauer sowie Glückseligkeit und die Leichtigkeit des Seins zusammen. Das betrachte ich heute so, mit den Augen einer älteren Frau. Damals war ich einfach nur traurig und wütend und hoffte, dass mir eine gute Seele einen neuen Ball schenken würde. Ein Vollgummiball, wenn möglich ein roter, sollte es sein. Weder ein Wasserball noch ein Federball, schon gar kein harter Lederball und später auch kein Golfball, nicht mal ein Maskenball weckten bei mir Liebesgefühle wie zu diesem kleinen runden Ding meiner Kindheit.

Pong: Liebesgeschichte

Liebesgeschichte – das ist der Auslöser zu meiner Erinnerung, die sicher auch geweckt wurde durch die Schilderung der Liebe zum Spielgefährten, dem kleinen Ball, die ich im erhaltenen Text gefunden habe.

Meine erste Begegnung mit ihm war durch eine Scheibe, an der ich meine Nase platt drückte. Ich stand vor dem Fenster der Auslage und konnte mich nicht satt sehen. Meine Füsse waren wie angewurzelt. Es war Liebe auf den ersten Blick. Erst auf mehrmaliges Drängen meiner Mutter, dass wir nach Hause gehen müssten, trennte ich mich von meinem Auserkorenen.

Am Abend vor dem Schlafengehen gestand ich meinem Vater den Grund, warum ich nicht zu Bett gehen könne. Ich sei zu aufgeregt. Was mich dann so durcheinander bringe, fragte mein Vater. «Weisst du, heute nach dem Einkaufen in der Stadt habe ich etwas gesehen bei Franz Carl Weber. Im Schaufenster. So hübsch, so knuddelig, so lieb.» Ich erzählte meinem Vater von meiner Begegnung und liess ihn meine Sehnsucht und Leidenschaft spüren. Er nahm dies alles zur Kenntnis ohne weiteren Kommentar. «Schlaf jetzt», meinte er nur, «und träum schön!»

Ich sehe ihn vor mir, als wäre es gestern gewesen, wie er am nächsten Abend nach der Arbeit aus dem Auto stieg, den kleinen Kiesweg zur hinteren Haustüre emporschritt, in der linken Hand die abgetragene dunkelbraune Mappe, in der Rechten den Autoschlüssel und unter den Arm geklemmt ein mittelgrosses Paket in blaues Geschenkpapier eingewickelt. Sah ich recht? Das Geschenkpapier kam mir sehr bekannt vor. Es war das Papier, das Franz Carl Weber für

seine Geschenke verwendete. Das Paket war nicht rund, nicht rechteckig und auch nicht quadratisch, sondern wies eine verräterische Form auf – die Form eines kleinen, knuddeligen Plüschelefanten.
Tatsächlich – mein Vater brachte mir das Objekt meiner Sehnsucht. Ich war im siebten Himmel. Im Ohr trug der kleine Elefant einen goldenen Knopf der Marke «Steiff» und um den Hals ein rotes Band. «Trampy» stand in schwungvollen Lettern auf dem daran befestigten Namensschild. Es war weder **Weihnachten,** noch hatte ich Geburtstag. Geschenke waren in unserer Familie nur an solchen Festtagen zu erwarten. Doch heute war eine Ausnahme, heute begann eine glückliche Liebesgeschichte. Für die damalige Zeit eine sehr freizügige, denn Trampy landete schon am ersten Abend unserer Begegnung in meinem Bett. Nie zuvor war ich so zufrieden und liebessatt eingeschlafen.
Trampy begleitete mich durch meine Kindheit und Jugendzeit. Er war mein liebster Spielgefährte und kannte alle meine Geheimnisse. Er freute sich mit mir, er tröstete mich, wenn ich traurig war. Bis leider, oh leider, wie das im Leben so geschieht, andere Lieben aufkreuzten. Trampy musste mein Bett räumen.
Trampy überlebte im Estrich meines Elternhauses. Als meine Mutter Grossmutter wurde, entstaubte sie ihn und wollte ihn ihrer Enkelin schenken. Doch er war geschrumpft, der kleine Plüschelefant, und auch das Leuchten war aus seinen Augen verschwunden. Meine Tochter fand ihn nur alt und etwas schmuddelig. Ich muss gestehen, ich fühlte ebenso. Bis ich ihn in meine Hände nahm, seinen Kopf etwas zurechtrückte und seine Augen mit einem Seidentüchlein blank wischte. Und siehe da, ich hielt mein Kindheitsliebesglück.

Ping: Weihnachten

«Weihnachten» ist ein magisches Wort, da gibt es wohl niemanden im christlichen Abendland, der darüber nicht eine Geschichte schreiben könnte, selbst wenn man dieses Fest ignoriert.

Ich erinnere mich, wie ich jedes Jahr in meiner frühen Kindheit am späteren Nachmittag vor dem Eindunkeln mit meinem Vater spazieren ging. Das ganze Jahr war ich nie mit ihm allein ausser Haus, nur an diesem einen einzigen Tag im Jahr: am 24. Dezember. Wir spazierten um die Häuser im Quartier herum, kehrten in einer Wirtschaft ein, und ich bekam einen Sirup mit einem Trinkhalm. Ein, zwei lange, stumme Stunden musste ich ausharren und warten, bis es ganz dunkel war. Das fiel mir schwer, weil ich den Abend kaum erwarten konnte, aber noch mehr, weil ich nicht wusste, was ich mit Vater sprechen sollte. Mit ihm konnte ich nicht einfach so drauflos plaudern, wie ich das täglich mit meiner Mutter tat und sie mit mir. Mit meinem Vater redete man. Diesen Unterschied spürte ich. Die Worte fanden deshalb nicht zu mir und er, sowieso kein Mann der grossen Worte, wusste wahrscheinlich auch nicht, wie man mit einem fünfjährigen Kind plaudert. So waren wir beide froh, als wir endlich vor der Wohnungstür standen.
Die Tür zum Wohnzimmer war geschlossen, doch ich durfte durchs Schlüsselloch gucken. Endlich klingelte das Glöckchen, und ich stürmte in den Raum. Vor mir stand der Weihnachtsbaum mit den farbigen Päckchen in einem Halbkreis um seinen Fuss herum. Ich roch den Harz des Waldes und das Paraffin der Kerzen; die Stube war warm und kerzenhell, einfach unbeschreiblich schön.

Später, als ich nicht mehr ans Christkind glaubte, durfte ich am 24. Dezember in meinem Zimmer bleiben. Vorgängig diskutierten meine Eltern jedes Jahr, wie sie den Baum schmücken wollten. Nie waren sie der gleichen Meinung. Vater wünschte sich einen buschigen, mächtigen Rottannenbaum, möglichst direkt aus dem Wald mit roten Kerzen und roten Kugeln und sonst nichts. Mutter stellte sich einen schlankeren Baum vor mit wenigen, dafür regelmässigen Ästen, geschmückt mit farbigen grossen und kleinen Kugeln, Lametto, Anhänger aus Schokolade und mit einer glänzenden Spitze zuoberst am Baum. Entstanden ist jedes Jahr der gleiche Baum: ein buschiger Baum mit roten Kerzen, farblich abgestimmten gleich grossen dezenten Kugeln, ohne glänzende Spitze, dafür mit ein bisschen Lametto und reichlich **Schokolade.** Heute würde ich sagen, das war der jährliche Kompromissweihnachtsbaum, das Symbol der Partnerschaft meiner Eltern.
Wir sangen keine Weihnachtslieder und mein Vater las keine Weihnachtsgeschichte vor, dafür war der Priester im Weihnachtsgottesdienst zuständig. Wir sassen still auf dem Sofa, vor uns der Weihnachtsbaum. Wir staunten ihn eine ganze Weile lang an. Ich war zu scheu, mich auf die Päckchen zu stürzen, meine Eltern hätten das nicht gewollt, das war ein ungeschriebenes Gesetz. Erst wenn meine Mutter mich dazu aufmunterte, kniete ich vor den Baum und las die kleinen Zettelchen, die an den Schnürchen angeheftet waren und verteilte die Päckchen schön der Reihe nach. Es war auch nicht üblich, dass zwei von uns gleichzeitig ihr Geschenk öffneten. Der Schenkende, auch wenn er nicht bei uns war, musste gewürdigt werden. Die einzige Gewissheit, die sich jedes Jahr in zwei meiner Päckchen einnistete, waren zwei Geschenke mit immer gleichem Inhalt: silberne Suppenlöffel, Messer, Gabeln, dreizackige Kuchengabeln, Kaffee- und Mokkalöffelchen, ja, ich packte sogar einmal einen silbernen Suppenschöpflöffel aus. Der war

von Grossmutter, das andere Päckchen von meiner Patin. Für mich, für später einmal, für meinen eigenen Haushalt, für die eigene Familie, die in so weiter Ferne lag wie der Weihnachtsstern am Himmel. Auch für diese Geschenke musste ich mit Schönschrift einen Dankesbrief schreiben, den Mutter las und ihn manchmal, wenn ich Glück hatte, sogar beim ersten Mal gelten liess.

Pong: Schokolade

Schokolade – diesem Begriff kann ich nicht widerstehen. Erstaunlich, was er bei mir zutage fördert. Längst Vergessenes fliesst ins Schreiben. Realitäten, Fantasien – eine «süsse» Schreibreise.

Hin und wieder lag etwas Unerklärliches in der Luft, das ich nicht deuten konnte. Der Tag verlief nicht wie ein anderer Tag. Wie ein ungeschriebenes Gesetz endete ein solcher Tag im genau gleichen Abendritual. Meine Eltern waren gut gelaunt und teilten uns **nach dem Nachtessen** mit, sie würden sich noch einen Abendspaziergang gönnen. Das geschah nie an einem Wochenende, immer an einem Arbeitstag. Das Ziel dieses Spaziergangs war der Kiosk am Bahnhof. Kaum hatten meine Eltern die Wohnung verlassen, stellte ich mich auf die Zehenspitzen und sah zum Fenster hinaus. Ich sah, wie meine Mutter sich bei meinem Vater anschmiegte und ihren Arm in seiner Ellbogenbeuge einhängte. Der Weg zum Kiosk war nicht lange. Doch für mich schien es eine Ewigkeit, bis meine Eltern wieder zurückkamen. Eine leise Angst meldete sich, dass sie endgültig fernbleiben könnten. Heute ist dieser ehemals idyllische Spazierweg einer breiten Umfahrungsstrasse gewichen. Die Autos stauen sich im Fei-

erabendverkehr, und der Kiosk am Bahnhof ist auch an den Wochenenden geöffnet.
Der elterliche Spaziergang diente keiner körperlichen Ertüchtigung. Das moderne Fitness- und Gesundheitsbrimborium war meinen Eltern fremd. Nein – es galt, am nahen Kiosk Schokolade zu kaufen. Weil ihnen an eben diesem Tag der Sinn nach Schokolade stand. Ebenso fremd war meinen Eltern, Schokolade auf Vorrat zu kaufen. Vorrat schon. Da waren die Ölflaschen, das Mehl, der Zucker, das Salz und der Honig im Kellerregal gelagert, mit handgeschriebenen Etiketten versehen, auf denen das Datum der Einlagerung festgehalten wurde. Die Harasse waren voll mit Kartoffeln und Boskoopäpfeln. Im hinteren Regal stapelten sich ein paar Weinflaschen, die mein Vater von einem befreundeten Weinhändler geliefert bekam. Doch Schokolade auf Vorrat, unvorstellbar. Schokolade wurde gekauft und gegessen, am gleichen Abend, wie wenn das Verfalldatum – obwohl es damals auch noch keine Verfalldaten gab – ein paar Stunden gewesen wäre.
Von ihrem Abendspaziergang kamen meine Eltern zufrieden nach Hause. Dann begann der zweite Akt: Die Schokoladenverpackung der Tafel Tobler-O-rum von Suchard wurde geöffnet. Das Silberpapier knisterte beim Anreissen. Täfelchen um Täfelchen wurde abgebrochen und in den Mund geschoben, um dort langsam in Süsse zu vergehen. Ich aber wusste, dass dieses Zeug ungeniessbar war und erinnerte mich an die Erfahrung, als ich einmal eines dieser Täfelchen versuchen durfte. Scheusslicher als jede Medizin. Der Alkohol verdarb jeglichen Schokoladengeschmack. Mich würde nie jemand mit Schokolade verführen können.
Diese ganze Abendspaziergang- und Schokoladengeschichte hätte mich nie weiter interessiert, betraf sie doch meine Kinderwelt nicht, wenn nicht eben dieses Unerklärliche in der Luft gelegen hätte und ich irgendwie spürte, dass da etwas zwischen meinen Eltern existierte, das mit mir

nichts, aber auch gar nichts zu tun hatte. Oder hatte es vielleicht sogar mehr mit mir zu tun, als ich ahnte? Könnte es sein, dass meine ganze Existenz auf eben diesem Unerklärlichen beruht? Die Abendspaziergänge blieben, der Nimbus verflog mit den Jahren. Meine Eltern pflegten uns Kindern ein Mickey-Maus-Heftchen vom Kiosk mitzubringen. Und so war es die Verlockung materieller Güter, die in meiner frühesten Kindheit siegte und den Sinn für Unerklärliches verdrängte.

Ping: Nach dem Nachtessen

Das Familienritual im vorhergehenden Text regt mich an nachzudenken, was für Gewohnheiten oder Rituale in meiner Familie nach dem Nachtessen herrschten.

Der Holztisch mit der gesprenkelten Oberfläche stand an der Küchenwand, und wenn meine Eltern und ich die Mahlzeiten auf den vierbeinigen Hockern einnahmen, berührten wir einander mit unseren Knien. Wir assen alle Mahlzeiten in der Küche, ausser an den Sonntagen. Der schöne Tisch, der Nussbaumtisch, stand im Wohnraum. Mitten auf dem mit Kreuzstichen verzierten wollenen Tischtuch befand sich eine Früchteschale. An der Wand am Tischende hing eine in einem Holzrahmen eingerahmte Schwarz-Weiss-Fotografie. Ein Fotograf hatte meine Eltern in den Flitterwochen geknipst, wie sie eng umschlungen vor dem Matterhorn standen. Nach dem Nachtessen setzte sich mein Vater an den Stubentisch und füllte den Tagesrapport aus. Er arbeitete nicht in der Stadt und hatte deshalb Anrecht auf eine Spesenentschädigung für die auswärtigen Mittagessen. Oft schaute ich ihm dabei zu, wie er mit seiner kleinen, gestochen scharfen Schrift die Angaben mit seiner Unterschrift bestätigte. «Wirfst du mir den Rapport in den Briefkasten?» Auf diese Frage hatte ich gewartet, konnte ich doch so für meinen Vater, der den ganzen Tag so streng arbeiten musste, etwas tun. Aufregend war der Spaziergang zum **Briefkasten** oben an der Bushaltestelle dann, wenn es draussen dämmerte und kein Kind mehr hinter dem Haus spielen durfte. Mit Vaters Rapport in den Händen lief ich den kleinen Weg hinauf und warf ihn in den Briefkastenschlitz. Manchmal – allerdings nicht oft – bat mich Vater nach dem Nachtessen, in der Wirtschaft auf der anderen Seite der Ueberlandstrasse eine Flasche Bier zu kaufen. Ich kam mir wichtig vor, wenn ich die wuchtige Tür öffnete und den schweren Filzvorhang zur Seite schob, doch gleichzeitig fühlte ich mich schutzlos beim Anblick der Bier trinkenden Männer an der Theke. Ich trug eine Flasche dunkles Bier nach Hause und brachte es Vater. Als Dank durfte ich am Schaum nippen. Er schmeckte seltsam herb, aber ich bezeugte jedesmal meine Liebe zu Vaters schwarzem Bier.

Mutter war an solchen Abenden nicht wichtig. Sie sass Vater gegenüber am Stubentisch und strickte. Wahrscheinlich war sie einfach nur froh, dass sie keinen Mann an ihrer Seite hatte, der die Abende im Wirtshaus verbrachte. Die Stricknadeln klapperten, die Stubenuhr an der Wand tickte, und Vater schrieb irgendeine Notiz auf einen Zettel. Im Hintergrund hörte ich aus dem Radio die Stimme des Briefkastenonkels, der uns die Welt erklärte. Mutter sagte, dass es nun allerhöchste Zeit sei, ins Bett zu gehen. Ganz, ganz langsam drückte ich Vater den Gute-Nacht-Kuss auf die Wangen, dann der Mutter, dann musste ich noch etwas fragen, was wichtig war, und noch etwas, und noch etwas, bis Vater oder Mutter oder gar beide die Stirne runzelten und ich mich endgültig verabschieden musste.

Pong: Briefkasten

iPhone und Co. verdrängen die Liebesbotschaften auf Papier. Das Stichwort «Briefkasten» katapultiert mich in eine andere Zeit. Die Erinnerung ist geweckt, ich muss sie nur noch aufschreiben.

Meine grosse Liebe war in die Westschweiz gezogen. Ich ahnte, dass dort hübsche junge Frauen auf ihn warteten. Schon damals entwickelte ich einen sechsten Sinn für solche Vorkommnisse. Ich war verzweifelt. Denn genau jetzt war es für mich klar, dass dieser Mann der Mann meines Lebens war, und dass ich ohne ihn nicht leben konnte. So schrieb ich ihm einen Brief. Ich kann mich nicht mehr an den Inhalt erinnern. Doch ich kann mich ganz genau an den Weg zum Briefkasten erinnern. Ich zelebrierte diesen Weg wie ein Pilger auf dem Jakobsweg kurz vor Santiago de Compostela. Der Briefkasten war die Erlösung, die Rettung, die ersehnte Ruhe für mein aufgewühltes Herz.

In unserer Familie waren Quartiersbriefkästen verpönt. Mein Vater zweifelte, ob diese auch geleert würden oder ob nicht irgendein Bubenstreich dem Inhalt zum Verhängnis würde. Wichtige Post wurde in der Hauptpost am Bahnhof eingeworfen. Für mich aber war in diesem Fall ganz klar, ich wählte den Quartiersbriefkasten. Den Weg bis zur Hauptpost hätte ich nie geschafft. Zweifel wären mir gekommen. Ob es sich überhaupt lohne, mich zu offenbaren. Ob der Zug im wahrsten Sinne des Wortes nicht ohnehin schon längst abgefahren war, ohne mich.

Eine Woche später erhielt ich Antwort. Eine Woche, sieben Tage, warten, aushalten, hoffen und bangen. Der Inhalt des Briefes ist schnell erzählt: Dass er sich für meine Offenheit

bedanke und hoffe, ich verstünde ihn, dass er neu anfange hier und dass er auch jemanden kennengelernt habe, dass wir aber Freunde bleiben könnten. Bla, bla, bla. Nun wurde er für mich natürlich erst recht interessant. Sicher war es der Moment, in dem sich diese Bekanntschaft als grosse, **unerfüllte Liebe** in meinem Leben einnistete und mir so eine Weile treu blieb. Als Begleiterscheinung entwickelte ich eine Scheu vor Quartiersbriefkästen. Seither werfe ich keinen Brief mehr in einen solchen. Briefpost wird zur Hauptpost oder wenigstens zur Poststelle im Ort gebracht. Man soll auf seine Väter hören.
Nun haben sich die Zeiten geändert. Heute dauert es keine Woche mehr, bis Beziehungen geklärt sind. Und auch der Gang zum Briefkasten löst keine Schmetterlingsgefühle mehr aus. Doch wenn ich meine Tochter sehe, wie sie auf ihr iPhone blickt, weiss ich, dass die Gefühle genau gleich sind, nur das Tempo der Kommunikation hat sich beschleunigt. Oder irre ich mich? «Mama, ich glaube nicht an die grosse Liebe», sagt sie, schaut sehnsüchtig aufs iPhone, atmet durch und vertieft sich wieder in den Liebesschmöker, den sie gerade heruntergeladen hat.

Ping: Unerfüllte Liebe

Unerfüllte Liebe gibt es in der Literatur zuhauf. Ich habe sie – wie viele Menschen – irgendwann erfahren, und sie hat mein Leben für kurze Zeit durcheinandergewirbelt. So wie meine Schreibpartnerin, die mich immer wieder inspiriert.

Wie ich zum Club kam, weiss ich heute nicht mehr. Vielleicht las ich im Pfarreiblatt, dass der Jugendclub eine dynamische Sache sei, ein Ort des ungezwungenen Beisammenseins der

Katholischen Jugend, ein Ort, wo miteinander Spass haben und karikative Tätigkeit sich die Hand reichen. Ich war in einer depressiven Phase und feierte meinen zwanzigsten Geburtstag allein, ohne Freund, nur mit meinen Eltern. Nicht mal die beste Freundin war da, sie verbrachte dieses Jahr irgendwo im Ausland. Und manch andere Freunde aus der Lehrzeit auch. Nur ich blieb zurück und liess mich freiwillig in einem Buchhaltungsbüro einsperren.
Da kam dieser Jugendclub gerade zur richtigen Zeit. Vor allem Männer wollte ich kennenlernen und nebenbei vielleicht auch noch ein paar gute Frauen. Damit der erste Schritt gelang, stachelte ich die Neugierde einer Kollegin an, die mich prompt begleitete. Und wirklich: Es war uns beiden wohl in diesem Gemisch von jugendlichem Übermut und ernsthaftem Engagement für Mensch und Umwelt. Ich buddelte mich ein in dieser lockeren Gruppe und tat, was die anderen taten: Unbeschwertheit zelebrieren, über den Schlamassel in der Welt diskutieren, tanzen und in den Altersheimen singen. Dabei blickte ich manchen Männern, die mir gefielen, kurz oder vielleicht auch etwas länger in die Augen. Der Banjospieler zum Beispiel gefiel mir. Er und sein Instrument verschmolzen zu einem sinnlichen Bild. Ohne Banjospieler wäre unser Chor ein Nichts. Das war mir sofort klar.
Noch mehr als der Banjospieler fiel mir der feurige Sänger aus dem Wallis auf. Er sang nicht nur gut, er spielte auch Orgel, und obendrein studierte er an der Uni Medizin. Seine schwarzen Augen sprühten, wenn unsere Blicke sich trafen. Er war mir unheimlich und gleichzeitig bezauberte er mich. Ich war so scheu, dass ich mich nicht mal in seine Nähe wagte. Ein Medizinstudent, ein Mann aus den Bergen, der in seiner Heimatgemeinde in der Kirche Orgel spielte, so einen Freund konnte ich mir einfach nicht vorstellen. Er war mir zu exotisch, zu fremd und gleichzeitig **erotisierend** nah. Er mischte sich in die Zahlenwelt ein, wenn ich im Büro die

Lochkarten kontrollierte, störte mich beim Kantinenessen, stahl mir meinen Schlaf. Zum ersten Mal war ich verliebt, richtig verliebt, knallverliebt, nicht nur ein kleines bisschen wie in den letzten paar Jahren, als ich mit den stets wechselnden Freunden einen Teil meiner Freizeit teilte.
Auch wenn mich dieser Rausch des Verliebtseins zwei, drei Wochen lang verwirrte, träumte ich – ich kann das heute noch nicht verstehen – nicht vom Walliser Studenten, ich träumte vom Banjospieler. Eine Frau war in diesem Traum auch im Spiel. Als ich erwachte, war ich ein bisschen ernüchtert. In der realen Welt aber trat der Banjospieler am nächsten Wochenende auf mich zu, und ich spürte, dass er mich kennenlernen wollte. Dieses Kennenlernen war dann ganz einfach und unkompliziert. Unsere Worte trafen sich, was immer wir uns auch erzählten. Ob er denn keine Freundin hätte, fragte ich ihn bei unserem dritten Rendez-vous. «Du bist meine Freundin», antwortete er. Diese Antwort lag auf der Hand, war selbstverständlich, war sonnenklar. Von da an gab es keine Fragen und Zweifel mehr.
Genau in diese wenigen zweifellosen Tage hinein läutete bei meinen Eltern eines Abends das Telefon. Die dunkle Männerstimme mit dem Walliser Dialekt fragte mich, ob ich heute Abend ins Schauspielhaus käme. Ich könne nicht, ich sei besetzt, antworte ich, worauf er ohne Abschiedsworte aufhängte. Ich rannte ins Zimmer, stürzte mich aufs Bett und weinte, weinte all die Tränen, die ich seit den Kindertagen zurückgehalten hatte. Ich weinte über die vielleicht verpatzte Gelegenheit meines Lebens und über meinen mangelnden Mut. Ich weinte, weil ich so vernünftig war und nicht wagte, meine Gefühle auszuleben. Ich weinte, weil ich eine Sekunde lang das Falsche tat.
Tat ich es? Ich weiss es bis heute nicht. Der Banjospieler wurde mein Mann. Später spielte er Gitarre und viel später, aber da waren wir schon nicht mehr zusammen, spielte er Cello. Als ich eines Tages mit meinem kleinen Sohn im Auto

vor einem Zürcher Lichtsignal halten musste, blickte ich kurz zum Fahrer auf der Nebenfahrbahn hinüber. ER – der Sänger aus dem Wallis – hielt das Steuer und wartete wie ich auf die grüne Ampel. Während er pfeilgerade davonschoss, hielt ich bei der nächsten Gelegenheit an und schneuzte in mein Taschentuch. «Du weinst ja», erriet mein Sohn. Ich war froh, dass er nicht weiterfragte.

Pong: Erotisierend

Unsere Ping Pongs verweilen noch etwas in Amors Reich oder wie in diesem Fall im Reich seines griechischen Ebenbildes Eros.

Meine erste Begegnung mit Eros war in der vierten Klasse der Primarschule. Bis dahin gab es für mich zwei Sorten Kinder: **Buben** und Mädchen. Mädchen waren lustig und unterhaltsam, Buben langweilig und uninteressant. Dann wurde dieses Weltbild in seinem Fundament erschüttert. Nichts mehr war wie vorher. Es geschah in der ersten Turnstunde. Wir waren eine neue Klasse mit neuen Schülern.
Es traf mich wie ein Blitzschlag aus heiterem Himmel. Eros war aus dem Götterhimmel herabgestiegen und zeigte sich in schwarzen, kurzen Turnhosen aus feinem Stoff, die um schnelle, braun gebrannte Bubenbeine flatterten und in mir etwas in Wallung brachte, das mir vollkommen neu und dem ich total ausgeliefert war. Ich war tatsächlich auf diese Turnhosen fixiert. Erst nach ein paar Minuten wanderten meine Augen nach oben und entdeckten den Jungen mit schwarzem Haar und braunen Augen. Ich konnte nicht anders, immer wieder musste ich auf diese Turnhosen und den springenden, agilen Jungen schauen. Nach der

Turnstunde vergass ich dieses naturgewaltige Ereignis. Der Junge sah in seinen Alltagskleidern aus wie all die anderen Jungen in der Klasse, langweilig und uninteressant. Ein paar Wochen später wurden wir Freunde. Sein Vater war Polizist, das war beeindruckend. Er war ein guter Schüler, das imponierte. Er lächelte mir zu, das freute mich. Doch mit diesen neuen Facetten veränderten sich meine Gefühle. Blitz und Donner verzogen sich. An ihre Stelle trat der Beginn einer neuen Kinderfreundschaft. In der Turnstunde jedoch fand die Verwandlung statt. Dann war er nicht mehr mein Schulkamerad oder Spielgefährte. Andere Gesetze regierten, geleitet von den schwarzen Turnhosen. Eros übernahm das Zepter und verschleierte meine Wahrnehmung, verstörte mich und weckte in mir eine Sehnsucht, die ich weder verstand, noch einzuordnen vermochte. In der fünften Klasse wurden die Turnstunden getrennt durchgeführt. Die Mädchen hatten ihre Turnlehrerin, die Buben ihren Turnlehrer. Nur im Sommer, wenn die Lektionen im Freien stattfanden, kam ich in den Genuss der schwarzen Turnhosen. In der sechsten Klasse wurde ein Turn-Einheitstenue eingeführt. Die schwarzen Turnhosen verschwanden. Eros zog sich nochmals aus meinem Kinderleben zurück.
Wenn ich heute die eng sitzende Gymnastik- oder Badehosenmode sehe, die ja unter anderem auch Gott Eros geweiht ist, lächle ich still vor mich hin. Die heutige Zeit hat keine Ahnung, wo Gott hockt. Sicher nicht in diesen körperbetonenden, hochelastischen Hightechoutfits, nein, in schwarzen, kurzen Turnhosen aus feinem Stoff.

Ping: Buben

Ich lese die ersten drei Zeilen des vorhergehenden Pongs und weiss sofort, worüber ich schreiben will: Meine Erfahrung mit Buben in meiner Mädchenwelt, über Beklemmung und Faszination.

Buben gehörten nicht in meine Kinderwelt. Ich wuchs ohne Bruder auf, und in meinem Wohnhaus wohnten nur Mädchen, mit denen ich nach der Schule spielte. Ich konzentrierte mich auf sie, stets bestrebt, eine allerbeste Freundin zu haben. Und an zweiter Stelle eine zweitbeste, falls die beste ausscherte. Buben gab es selbstverständlich in meiner Klasse und auch in der Siedlung, wo ich wohnte. Nur waren sie nicht direkt in Sichtweite. Das machte mir nichts aus, denn ich hatte stets ein bisschen Angst vor ihnen. Andererseits faszinierten sie mich auch, je älter ich wurde. Die, die ich in der Schule von Weitem beobachtete, waren grösser oder gleich gross wie ich. Das musste so sein. Kleine Buben interessierten mich nicht. Da ich das drittgrösste Mädchen der Klasse war, blieb nur noch eine Handvoll Buben zurück. Zu ihnen gehörte Marcel, der mir aber zu laut war, schmiss er doch im Schulzimmer ständig blöde Witze in die Runde, bevor Lehrer Keller ins Schulzimmer trat. Dumme Buben beachtete ich schon gar nicht. Da war ich bei den Mädchen toleranter.
Edi aber war gescheit, sehr gescheit und so still, geheimnisvoll still. Edi war ein klein wenig grösser als ich, kräftig war er auch. Drei Jahre lang sass er nur drei Meter von mir entfernt, seine Schulbank stand diagonal vor mir, sodass mir sein Rücken und sein Hinterkopf mit den honigfarbenen Haaren stets präsent waren. Wir schauten uns nie an.

Auch nicht an den Abenden, an denen wir nach der Schule in ein anderes Schulhaus zum Religionsunterricht mussten. Edi wohnte ebenfalls in der Siedlung, ein klein wenig weiter unten als ich. Aber das war bereits zu weit entfernt, um mit uns zu spielen.
Später, in den drei Jahren, in denen wir beide die Katholische Sekundarschule in der Stadt besuchten, fuhren wir oft mit dem gleichen Bus und dem gleichen Tram von Schwamendingen in die Stadt. Er stieg jeweils zwei Stationen vor mir aus, denn die Bubenschule befand sich bei der Haltestelle Sumatra, die Mädchenschule im Central am Hirschengraben. Wenn die **Schulglocke** um viertel vor zwölf schrillte, rannten wir Mädchen so schnell wir konnten zur Tramstation hinunter, um atemlos das Tram Nummer 7 um zehn vor zwölf zu erwischen. Wenn dann zwei Stationen später die Buben ins Tram einstiegen, atmeten wir wieder regelmässig. Jetzt erst lohnte es sich heimzufahren. Jetzt waren wir beieinander, obwohl wir kein einziges Mal miteinander sprachen. Edi war da, vielleicht zuvorderst im Tram, vielleicht auch zuhinterst im Anhänger. Im Milchbuck würden wir aussteigen und dann zusammen allein in den Bus steigen – oft zweimal am Tag.
Edi war mir nie gleichgültig. Er gehörte ganz selbstverständlich zu meinen Schuljahren. Doch er war kein Mädchen; er war ein Junge. Und mit Jungen konnte ich mich ab der vierten Klasse nicht mehr unterhalten. Da verlor ich die Sprache. Bis ich zehn war, machte ich keinen Unterschied zwischen den Buben und den Mädchen. Aber dann, plötzlich, oder vielleicht auch nach und nach, kamen sie für mich von einem anderen Stern. Sie wurden mir so fremd, wie wenn sie vom Mars hinunter auf die Erde kämen. Je mehr ich mich entwickelte, desto unnahbarer und gleichzeitig wichtiger wurden sie für mich. Nie spürte ich meine Scheu so stark wie in jenen Jahren, als ich an die Buben dachte, die zu Jungs heranwuchsen und die für mich einen Nimbus hat-

ten, den ich mir noch nicht erklären konnte. Ebenso wenig konnte ich mir die diffuse Sehnsucht nach ihnen erklären, sie schon gar nicht einordnen. Es war eine sichtbare Wand zwischen uns, die ich nicht durchbrechen konnte. Sie wurde mit jedem Schuljahr dicker. Niemand konnte mir helfen, meine Scheu und Einsamkeit zu überwinden, auch dazu hätte ich die passenden Worte gebraucht. Meine Freundinnen, die sich auf dem Schulweg gleich verhielten wie ich, blieben ebenfalls stumm und scheinbar abgewandt. Erst mit siebzehn schaffte ich es, mich einigermassen ungezwungen mit den jungen Männern, die sie nun plötzlich waren, zu unterhalten. Locker, kollegial und kumpelhaft.

Pong: Schulglocke

Dieses Mal bin ich bei den Erinnerungen an die Schulzeit hängen geblieben. «Schulglocke» gibt den Anstoss und führt mich zu meinem Text.

Es war keine Glocke, sondern ein Gong, der im neuen modernen Schulhaus den Lektionsbeginn und das Lektionsende ankündigte. Vor der grossen Pause tönte er in einem Doppelklang. Nach der Pause hatten wir Turnen. Nach der Pause begann die Tortur.

Ich war die Kleinste in der Klasse, so stand ich am Schluss der Reihe. Wie **Hühner auf der Stange** mussten wir antreten und im Moment, in dem der Turnlehrer die Halle betrat, auf die Zehen stehen und mit einem gemeinsam gesprochenen «Grüezi» den Turnlehrer mit Namen begrüssen. Ich hasste die Turnstunden. Das Einlaufen im Kreis war noch erträglich. Dann bestand die Hoffnung, dass wir dieses Mal kein Geräteturnen hätten. Doch es blieb meistens bei der

Hoffnung. Die Tatsache war, dass wir nach dem Einlaufen die Barren oder Böcke aufstellen mussten. Ich war zusammen mit Theres, meiner Leidensgenossin, die absolute Nuss im Geräteturnen. Wie ein Sack hing ich an der Kletterstange und rutschte die mit äusserster Anstrengung geschafften paar Zentimeter Höhendifferenz mit garantierter Sicherheit innert ein paar Sekunden wieder zurück. Die gleiche Tragödie am Reck. Da war das Einreiben der Handflächen mit Magnesiumpulver die grösste sportliche Leistung. Ein unverarbeitetes Trauma aber hinterliessen Bock und Barren. Den Anlauf zum Bocksprung meisterte ich in Perfektion, den Sprung selber aber schaffte ich nie. Ich zitterte und scheute wie ein Pferd vor dem Balken, bremste brüsk vor dem Gerät und stand in Schmach und Schande still. Der Barren war mir ein Foltergerät, er ängstigte mich vor allem in seiner Stufenanordnung. Wie nur konnte ich je über den Holmen springen, geschweige denn, mich an ihm hochziehen. Geräteturnen war Fegefeuer und Hölle zugleich.
Ein- oder zweimal im Jahr wurden wir in die Kunst der Freiübungen eingeführt. Endlich hatte ich meine grosse Stunde. Freiübungen, da konnte ich mithalten. Da brauchte es weder Sprungtechnik noch Mutbeweis an einem Gerät. Nur der Einklang von Körper und Bewegung war gefragt. Der Turnlehrer beachtete mich nicht. Für ihn war ich längst ein hoffnungsloser Fall. Irgendwann ertönte wieder der Gong. Dieses Mal eine erlösende Musik für meine Ohren. Schnell aufgereiht, ich am Schluss, und auf die Zehen gestanden, «auf Wiedersehen» im Chor und ab in die Umkleidekabine, wo es Pflicht war zu duschen. Die Zeit war knapp, denn schon wartete die Mathematik- oder Deutschlektion auf uns.
Als wir Mädchen in die Pubertät kamen, erklärte uns der Turnlehrer, dass gewisse Geräteübungen während der unpässlichen Tage nicht ausgeführt werden sollten. Es sei wichtig, dass wir ihn informierten. Wir müssten ihm ein-

fach nach der gemeinsamen Begrüssung mitteilen, dass wir heute nicht alles turnen könnten.
Ich bin ein biologisches Wunder. Von diesem Moment an hatte ich fast wöchentlich meine Blutungen. Immer während der Turnstunden. «Ich kann heute nicht alles turnen», wurde zu meinem Lebensretter in diesen schwierigen Zeiten. Noch heute, wenn ich eine Schulglocke höre, die wie ein Gong tönt, wird mir einen Augenblick mulmig. Dann aber atme ich auf, ich muss nie, aber auch wirklich nie mehr über einen Bock springen, mich nie mehr eine Kletterstange hinaufquälen oder einen Barrenholmen bezwingen. Und auch meine unpässlichen Tage muss ich nie mehr haben.

Ping: Hühner auf der Stange

Hühner auf der Stange. In weiter Ferne taucht ein Bild auf, das mit Ferien zu tun hat. Plötzlich erinnere ich mich an unzählige Ferienerlebnisse in den Flumserbergen.

Richtige Ferien, das waren nicht Ferien bei meinen Grosseltern oder die Woche in der Ferienwohnung in Amden, richtige Ferien waren der Aufenthalt in einer Pension in den Flumserbergen.
Ich erinnere mich an eine geräumige Bauernstube mit zwei langen Tischen und einem Kachelofen in der einen Ecke. Wenn sich die Gäste nach zwölf zum Mittagessen um die Tische setzten und einander die Suppenschüssel reichten, dann hörte die Bauersfamilie in der Küche, wie sich die erwachsenen Feriengäste ungezwungen über die Suppe und das Wetter unterhielten. Bis um halb eins. Dann wurde

es mäuschenstill. Dann erklang vom Radio das Zeitzeichen der Depeschenagentur, kurz: die Mittagsnachrichten. Die letzten Suppenspuren in den Tellern wurden sachte mit einem Stück Brot aufgefangen, sodass es nicht in den Ohren kratzte. Selbst die Fliegen gaben Ruhe, waren doch sowieso die allermeisten an den herunterbaumelnden klebrigen Fliegenfängerpapieren hängen geblieben. Sechs solche Papiere hingen über den Tischen. Da hatten die Fliegen keine Chancen, ihre Füsse blieben am Leim kleben. Sobald nach der Wettervorhersage Ländlermusik aus dem Radio erklang, lösten sich die Zungen der Feriengäste. Das Essen wanderte in den Mund und die Worte aus dem Mund heraus. Ich hatte Glück. Es war noch eine Familie mit drei Kindern zur gleichen Zeit in den Ferien wie wir, das Mädchen war fast gleich alt wie ich. Diese Familie sass aber am anderen Tisch. Das war nicht weiter schlimm, wir Kinder mussten uns sowieso während des Essens still verhalten.
Ich erinnere mich an den mächtigen Lindenbaum vor der Pension und an die Liegestühle um ihn herum. Vor und nach dem Essen wurden sie benutzt. Auf der Wiese nebenan hörten wir das Gebimmel der Kühe. Die Hühner spazierten um die Füsse der Gäste und gackerten das Blaue vom Himmel. Ich hatte sie gerne, die Hühner, wie sie auf ihren dünnen, roten Beinen mit ihren prallen Körpern herumstolzierten und bei jedem Schritt mit dem Hals wackelten. Eines Abends fragte mich die Bauersfrau, ob ich sie füttern wolle. Noch nie hatte ich bis anhin einem Tier zu essen geben dürfen. Ich trug das volle Schüsselchen sachte in den Hühnerstall hinein, begleitet von einem Gackerkonzert. Der Hahn überholte mich, indem er mit dem Schnabel auf die Körper der neben mir wackelnden Hühner hackte. Ich hasste ihn, hatte aber auch Angst vor seinem spitzen Schnabel. Einige Hühner sassen bereits auf der Stange und flogen mir nun entgegen. Ich warf die Körner auf den Boden und rannte aufgeregt ins Freie. Ich hatte es geschafft, wenn auch nicht mit Bravour.

Es gab noch viele andere erste Male in diesen Ferien. Zum Abendessen, zum Beispiel, stellte die Bauersfrau immer ein Schälchen mit kaltem Wasser auf die Tische. Darin schwammen kleine Butterbällchen. Die Butter schmeckte so ganz anders als in der Stadt. Sie schmeckte nach Stall. Ich erinnere mich an die kühle Schlafkammer mit den Holzbetten und den geblümelten Bettdecken und -kissen. Ich schlief im gleichen Zimmer wie meine Eltern. Auch das war neu und irgendwie seltsam. Morgens sprang die Katze durch das offene Fenster und legte sich aufs Fussende meines Bettes. Das war noch schöner als das Füttern der Hühner. Das war so wunderbar, sodass ich mich nicht getraute, meine Füsse zu bewegen. Die **Katze** wählte mich aus – mich Stadtmädchen, das sich nicht mit Tieren auskannte – kniff ihre Augen zu und schnurrte.
Ich erinnere mich an den einzig grossen Ausflug in diesen Ferien, wie alle Gäste zusammen ein Auto mieteten, wie wir ins Pizolgebiet fuhren und wie ich mich zum ersten Mal auf einen Sesselilift setzen durfte. Natürlich hatte ich Angst vor diesem Schritt, aber ich war genauso fasziniert wie vom allabendlichen Füttern der Hühner. Es war einfach fantastisch, auf einem Stuhl zu sitzen und über die Tannenwipfel zu gleiten. Vorne fuhr mein Vater in die Höhe, hinten meine Mutter. Es war auch das erste Mal, dass wir eine richtig grosse Bergwanderung unternahmen, meine Ferienfreundin und ich voraus, die andern hinter uns lassend. Auch Mutter und Vater waren glücklich, ich hörte sie lachen und scherzen.
Was waren das nur für Ferien! Vielleicht die schönsten in meinem Leben. Ich war zehn und entdeckte das Landleben. Wenigstens ein kleines bisschen. Ich roch den Mist hinter der Pension, kostete von der Alpenbutter, strich der Katze bei jeder Gelegenheit übers Fell und fühlte mich im Hühnerstall täglich wohler. Den letzten Abend vor der Heimreise verbrachte ich so lange im Stall, bis die Hühner das letzte Korn aufgepickt hatten.

Pong: Katze

Ferienerlebnisse und Katze – der Flash ist da und ich staune einmal mehr, was da an Erinnerung aus frühester Kindheit auftaucht.

Meine Oma besass zwei Katzen. Tschimette, einst weiss und uralt, und Moritz, deren Sohn, ein Tigermodell, das meistens auf Jagd war. Meine Oma hatte einen Mann, den wir Opa nannten, obwohl er nicht unser Opa war. Er war der zweite Mann meiner Grossmutter. Im gleichen Haushalt lebten Omas und Opas Tochter und mein Patenonkel, ein gut aussehender, frohgelaunter Junggeselle.
Opas bevorzugter Platz war der Schaukelstuhl. Er liebte es, dort seine Zeitung zu lesen oder einfach zu dösen. Tschimette rollte sich auf seinen Schoss, döste ebenso und schnurrte. Ihr zweiter Lieblingsplatz war auf dem Fenstersims. Vor allem am späteren Nachmittag, wenn die Sonne die Hausmauer erwärmte, liebte sie es, draussen auf dem Sims zu liegen. In der Küche standen auf dem weiss-blau gekachelten Fussboden zwei Schälchen, eines mit Katzenfutter, das andere mit Wasser. Ein bisschen **gruselig** und unappetitlich schien mir das Futter. Überhaupt war es bei meiner Oma nicht so sauber wie bei uns zu Hause. Da lagen Katzenhaare auf dem Teppich und es roch ein bisschen streng. Doch gemütlich war es, einfach gemütlich. Die alte Uhr tickte und schlug die Viertelstunden. Es fehlten nur noch die sieben Geisslein. Ich getraute mich nie, die Katzen zu streicheln. Tschimette war in Opas Besitz und Moritz streunte und liess sich kaum anfassen. Wir besassen keine Haustiere, und mir waren diese Mitbewohner eher fremd. Eines Tages lag Tschimette auf der Fensterbank und das Fenster war einen Spalt geöff-

net. Ich nahm allen Mut zusammen und flüsterte: «Tschimette, komm, Tschimette, komm.» Und siehe da, die alte Katze stellte die Öhrchen auf und drehte sie in die Richtung, aus der sie meine Stimme vermutete. «Tschimette, ich bins.» Sachte trat ich zum Fenster und öffnete den Flügel. Tschimette blinzelte in die Sonne, streckte ihre Beine und Pfoten. Die Krallen waren wie vergilbter Perlmutt. Sie zog sie gleich wieder ein, streckte sich nochmals und erhob sich erstaunlich elegant für eine Dame dieses Alters. Dann schritt sie durch das offene Fenster, und mit einem wendigen Sprung stand sie vor meinen Füssen. Ich bewegte mich nicht. Langsam begann Tschimette, um meine Beine zu streichen. Immer wieder in einer Achterschlaufe. Ich streckte meine Hand aus und strich ihr über das Fell. Ein leises Schnurren, das immer lauter wurde, begleitete diese Begegnung.

Wie lange ich so stand und die Katze streichelte, weiss ich nicht. Noch immer hatte ich ein wenig Angst, sie könnte die Krallen an meinen nackten Beinen wetzen. Je länger ich das Tier streichelte, desto ruhiger wurde ich. Irgendwann hatte Tschimette genug. Sie wandte sich ab und stolzierte wie eine Prinzessin zum Futternapf. Am späteren Abend lag sie wieder auf Opas Schoss. Hin und wieder blinzelte sie und schaute mir mit ihren Katzenaugen in die Seele. Ich hätte sie gerne noch einmal gestreichelt, doch sie war wieder in Opas Besitz. Er las die Abendzeitung und kraulte die Katze zwischen den Ohren. Eine seltsame Wehmut erfasste mich, und ich bekam Heimweh. Ich wollte nach Hause zu meiner Mutter und meinem Vater, wo keine Katzen wohnten und keine falschen Opas hausten. Dann ging die Türe auf, mit frischem frohem Wind kam pfeifend mein Patenonkel herein. Er bückte sich zu mir hinunter, hob mich auf und wirbelte mich im Kreis, bis mir beinahe schwindlig wurde. «Na, gibts noch kein Abendbrot? Wo steckt Oma? Komm, wir suchen sie in der Küche.» Tatsächlich, sie war mit der Zubereitung des Abendessens beschäftigt. Mein Magen knurrte und verdrängte meine melancholische Stimmung. Mein Götti kniff mich in die Wange, lachte und sang und versprühte eine Fröhlichkeit, dass es mir so richtig leicht ums Herz wurde. Könnte es sein, dass damals der Grundstein für mein Faible für gut aussehende, fröhlich pfeifende Junggesellen gelegt wurde und meine Ambivalenz Katzen gegenüber?

Ping: Gruselig

Der Klang des Wortes «gruselig» gefällt mir. Nur dieses Wort kommt als Titel infrage. Welche Geschichte passt zu diesem Wort? Es braucht ein bisschen Zeit, bis ich sie finde.

Samstagnachmittage waren in meiner Familie Ritualtage. Punkt zwölf Uhr rief Mutter meinen Vater und mich zum Mittagstisch. Hätte es aus der Küche nicht nach Spaghetti gerochen, wäre ich verunsichert gewesen. Auf Wunsch meines Vaters assen wir jeden Samstag Teigwaren, nämlich Spaghetti mit Tomatensauce. Sie waren nicht – wie bei den Nachbarn Beder – mit Tomatensauce durchtränkt, sondern kamen im Naturzustand auf den Teller. Obenauf, in die Mitte des Spaghettibergs, platzierte Mutter die Tomatensauce, und als Krönung thronte ein kleines Stück Butter, das sich sofort in der heissen Sauce auflöste.
Nach dem Essen war es üblich, dass ich den Abwasch übernehmen musste. Besonders an den schulfreien Nachmittagen und ganz besonders an den Samstagnachmittagen, wenn Vater nicht arbeiten musste. «Vergiss Bobi und Gabi nicht», mahnte Mutter, bevor sie sich mit Vater ins Schlafzimmer zu einem Mittagsschlaf begab. Ich hasste den Abwasch, und noch mehr hasste ich das Reinigen von

Bobis und Gabis Scheissereien. Lustlos räumte ich zuerst das Geschirr ab, reinigte mit dem Lappen den Esstisch, liess heisses Wasser in das rote Plastikbecken laufen, wusch Teller, Gläser und Pfannen ab, nicht ohne sie vorher vorzuspülen, reinigte anschliessend den Emailschüttstein mit Bimssteinpulver und wischte zuletzt den Fussboden.
Bobi und Gabi schauten mir dabei zu. Sofort zwitscherten sie das Blaue vom Himmel, wenn ich meine eigene Tonbandspule mit Schlagern wie «Junge, komm bald wieder» oder «Marina, Marina, Marina» am Tonband einfädelte und laufen liess. Ohne meine vom Radio selbst aufgenommene Musik hätte ich mein Samstagsämtli nicht ausüben können. Nach dem Abwasch schloss ich alle Fenster, öffnete dann das Törchen am goldenen Käfig und liess die beiden Wellensittiche in der Wohnung herumfliegen. Ich liebte Bobi und seine Freundin Gabi, wenn sie Seite an Seite dicht nebeneinander auf dem Holzstängelchen sassen und sich aufplusterten. Meine Liebe zu ihnen hörte dann aber auf, wenn ich samstags ihren Käfig reinigen musste. Der Kot, den sie innerhalb einer Woche produzierten, war einfach gruselig, auch wenn er nicht stank. Selbst der Hirsestängel war voller grau-weisser Häufchen. Und erst der Wassernapf. Im Wasser schwammen sie, die aufgeweichten schleimigen Kothäufchen. Ich holte den Napf zaghaft mit zwei Fingern aus dem Käfig und versuchte dabei, die Augen zu schliessen. Auch der Körnernapf sah verschissen aus, obwohl ich die Körner und auch das Wasser täglich wechselte. Nun galt es, sämtliche Holzstangen und die Leiter, die hinunter zum Sandboden führte, zu spülen. Die musste ich zuerst aus dem Käfig bringen, bevor ich sie unter dem Wasserhahn reinigen konnte. Dann musste ich noch den Boden des Käfigs säubern. Das Packpapier mit dem mit Kot vermischten Sand landete im Abfalleimer, der Boden wurde anschliessend mit frischem Papier und Sand belegt. Geschafft. Dann begab ich mich mit dem Käfig in die Stube und lockte die beiden

Vögel mit einem neuen Hirsestängel in den Käfig zurück. Waren sie noch da, meine lieben kleinen Vögelchen? Nur einmal nicht. Gabi suchte die Freiheit und fand sie. Allerdings musste sie sie wahrscheinlich teuer bezahlen. **Aber das ist eine andere Geschichte.**

Pong: Aber das ist eine andere Geschichte

Verschiedene Wörter und Begriffe aus dem Ping wecken Erinnerungen. Doch ich spüre, dass ich langsam das Spiel beenden möchte und eine Pause brauche. Ich glaube, meiner Schreibpartnerin geht es genauso. Die vielen Erinnerungen möchten nun etwas ruhen. Auch habe ich Lust, mich wieder einem anderen Genre zuzuwenden. Da kommt mir der Schlusssatz des Pings wie gerufen. Er inspiriert mich zu dieser Betrachtung.

Das Haus der Kindheit ist alt, uralt, und birgt in seinen hohen Gemächern Geschichten, die in die Stukkatur der Decken eingraviert sind. Schwere Brokatvorhänge rahmen die Fenster ein, und das Parkett knarrt, wenn die Erinnerung darüber schwebt. Die Tür des Barockschranks ist angelehnt. Ein leichter Luftzug bewegt sie. Auf dem schweren Nussbaumtisch ruht eine Schicht Staub. Im Kinderzimmer hat sich eine Spinne ihr Nest gebaut. Ihr Netz wirft einen filigranen Schatten auf die mit vergilbten Blumenranken verzierte Tapete. Der Bilderhaken, an dem einst die Kopie eines Seerosenteichs von Monet hing, steckt krumm in der Wand. Etwas Gips hat sich gelöst und liegt jetzt wie Puderzucker auf dem Boden. Die Verandatür steht offen. Die drei Stufen zum Kiesweg sind mit Moos überwachsen. Die Tür zum Gartenhäuschen ist verschlossen, das Schloss von Rost überzo-

gen. Unter der Hängebuche liege der Schlüssel, erzählt man sich seit Generationen. Familiengeschichten.
Noch immer flüstert der alte Baum seine Zaubersprüche in den Wind. Unter ihm ruhen die Toten – Hamster, Meerschweinchen, eine junge Amsel. Die Kreuze auf den Gräbern sind vermodert. Wilde Erdbeeren wachsen dort, deren Früchte von Fremden gepflückt werden, bevor sie ausgereift sind. Ich finde zufällig eine grosse, rote Beere. Sie hat sich hinter einer abgebrochenen Latte des verfallenen Zauns versteckt und schmeckt herrlich süss.
Auf dem gepflasterten Vorplatz stehen die grossen Töpfe mit den Oleanderpflanzen. Sie kennen die Geborgenheit der Schneedecke nicht, dafür den hinteren Kellerraum, in dem sie überwintern. Neben den Brombeerranken im Schatten die knorrige Föhre, auf deren Wipfel die Amsel ihr Lied singt. Jeden Abend, immer wieder.

Unser Leben ist nur dann sinnvoll,
wenn wir es uns erzählen können.

Peter Bichsel (*1935)

Warum wir einander Geschichten erzählen

Einander Geschichten erzählen ist wahrscheinlich so alt, wie wir Menschen auf der Erde sind. Nicht nur ein Kind hat Sehnsucht nach einer Geschichte, auch wir Erwachsene brauchen sie für ein lebenswertes Leben. «Solange erzählt wird, wird nicht geredet und solange erzählt wird, wird nicht argumentiert oder gestritten», meint Peter Bichsel. Einander Geschichten zu erzählen ist eine humane Art, einander zu begleiten und die Tradition des Erzählens aufrechtzuerhalten.

Gute Erzähler schildern ihre Geschichten so anschaulich, dass der Zuhörende innere Bilder sieht. Der Erzähler reiht nicht einfach eine beliebige Folge von Ereignissen aneinander. Er verwandelt Ereignisse in Geschichten. Wenn wir einander erlebte oder erfundene Geschichten erzählen, dann schmücken wir sie vielleicht aus, erfinden einen Dialog, übertreiben ein bisschen. Trotzdem ist es unsere Geschichte, denn im Kern ist sie wahr. Manchmal sind es auch Versuche, etwas Unbegreifliches zu begreifen. Erst wenn wir es aufgeschrieben haben, erkennen wir den Sinn. Denn selbst eine skurrile Geschichte hat eine Aussage, vielleicht eine versteckte, eine, die nur der Urheber erkennt. Wir sind frei, unsere Gedanken nach unserem Belieben zu gestalten, zu verwandeln und so neue Geschichten entstehen zu lassen.

Haben wir Mut zu einfachen, schlichten Geschichten. Gerade sie berühren manchmal am meisten. Sie haben ihre Wurzeln direkt im Alltag, im gelebten Leben. Unzählige unspektakuläre Erlebnisse und Erinnerungen schlummern in uns. Kitzeln wir einige davon aus unserem Erinnerungsschatz hervor und gestalten sie zu einer Geschichte, indem wir erzählen, was uns während des Schreibens in den Sinn kommt. Wie es gewesen ist, damals, und was wir empfunden haben und heute noch empfinden, wenn wir eine Erinnerung verwandeln.

> Je grösser das Gewahrsein der bewussten Schichten, desto mehr kommen die verborgenen Schichten an die Oberfläche.
>
> Jiduu Krishnamurti (1895–1986)

Das Bewusstsein für die eigene Biografie

Biografien wurden schon immer geschrieben. Das Alte Testament zum Beispiel erzählt die Geschichte des Gottesvolkes. Wenn dort die Lebensläufe einzelner Menschen beschrieben wurden, dann immer im Zusammenhang mit der Entwicklung des ganzen Volkes. Das persönliche Schicksal eines Einzelnen hatte keine Bedeutung.
Lange, bis in unsere heutige Zeit, hat die Typisierung der Lebensläufe gegolten. Die Lebensgänge einzelner Menschen waren durch die Gesellschaft vorgegeben. Dabei spielten die soziale Herkunft, die Religionszugehörigkeit und die Geschlechterrolle entscheidend mit. Das Gruppenbewusstsein war stark. Die verheiratete Frau hatte ihren vorgegebenen Platz, ebenso der Handwerker oder der Kaufmann. Lebensläufe waren geprägt von Rollenerwartungen. Nur Künstler hatten eine gewisse Narrenfreiheit.
Dass jeder Mensch eine eigene Biografie hat, ist historisch gesehen neu. Heute ist uns bewusst, dass wir ein eigenes individuelles Schicksal haben, eine Identität, und dass wir weitgehend frei sind, wie wir unser Leben gestalten wollen. Weder Kirche noch Gesellschaft engen uns ein, verglichen mit früheren Jahrzehnten oder gar Jahrhunderten. Traditionen und Rollenerwartungen kann der Einzelne heute von sich weisen und durch andere Kriterien ersetzen. Er kann seinen eigenen Weg gehen. Individualismus und Freiheit sind die heutigen Schlagworte. Allerdings gilt das nur in westlichen Gesellschaften.
Doch der Preis der Freiheit kann hoch sein: Der moderne Mensch findet sich immer wieder in Situationen, die ihn verunsichern. Heutige Biografien sind gekennzeichnet durch

Brüche, Wendepunkte, Krisen, Erschütterungen, Widerstände, Höhepunkte, Trennungen und Verbindungen. Fragen tauchen auf und können nicht sofort beantwortet werden. Existenzielle Fragen wie: Wer bin ich? Warum bin ich so, wie ich geworden bin? Was ist der Sinn meines Lebens? Wie kann ich mich weiterentwickeln? Was kann ich heute verändern, was nicht mehr?
Innerhalb unserer persönlichen Biografie bewegen wir uns in einer kulturellen Geschichte. Das heisst, unsere persönliche Biografie ist immer auch eine kulturelle Biografie. Wir leben in einer bestimmten Zeit und werden von dieser Zeitströmung bewusst oder auch unbewusst beeinflusst. Innerhalb einer bestimmten gesellschaftlichen Strömung bewegen wir uns, ringen, stellen Fragen, handeln und entwickeln uns. Deshalb ist heute jede einzelne Biografie interessant. Und deshalb boomen die Lebensläufe einzelner Menschen «von der Strasse».
Sie müssen nicht ein abenteuerliches Leben gelebt haben, um Geschichten aus Ihrem Leben aufzuschreiben. Diese Geschichten, so unzusammenhängend sie sein können –, haben einen Kernpunkt: ihren individuellen Wesenskern. All diese vielen Geschichten, Ihre Geschichten, machen Ihre Persönlichkeit aus und sind nur möglich durch Ihre ureigene Biografie. Diese Geschichten geben Halt im Leben, sie bündeln. Wir stehen nicht mehr neben uns, sondern in uns. Wir sind in Kontakt mit uns. Unser Leben ist ein Aneinanderreihen von Augenblicken. Erst durch das Erzählen entsteht unsere Biografie. Wir Menschen haben das Bedürfnis, unserem Leben eine Form und Ausrichtung zu geben, Zusammenhänge zu verstehen und diese Erkenntnisse zu teilen. Das gibt unserem Leben einen Sinn.
Deshalb: Biografisches Erzählen und Schreiben bedeuten Liebe zum Leben, zur Familie, zu den Mitmenschen und zu sich selbst – auch in den schwierigen Phasen, die in jeder Lebensgeschichte zu finden sind.

Die Stunden, nicht die Tage, sind die Stützpunkte unserer Erinnerungen.

Joachim Ringelnatz (1883–1934)

Erinnerungen sind nicht in Stein gemeisselt

Erinnerungen sind Momentaufnahmen aus der Vergangenheit. Wir kopieren sie in die Gegenwart. Daher sind sie immer von Gegenwärtigem durchdrungen und geprägt. Denn wir können nichts anderes tun, als in der Gegenwart zu leben und zu fühlen. Erinnerungen sind also keine statische, unveränderliche Materie – sie sind Splitter und Puzzlesteine, die wir im Nachhinein zu Geschichten zusammensetzen. Dabei verlegen wir den Schwerpunkt, schmücken aus, lassen weg und passen die Geschichte immer wieder neu unserem Lebensfluss an. Wie es für Geschichten typisch ist, legt jeder, dem sie erzählt wird oder der sie liest, den Schwerpunkt auf ein anderes Detail, ganz der eigenen Vorliebe und Biografie gemäss. So verändern sich die Erinnerungen und werden immer wieder neu geschrieben. Selbstverständlich gibt es Eckdaten und Vorfälle, die so passiert sind. Doch für unsere eigene Biografie spielen solche Begebenheiten oft gar nicht die grosse Rolle, die ihnen zugesprochen wird. Es sind die kleinen Alltäglichkeiten, die uns zu dem gemacht haben, was wir heute sind. Wir beobachten, wie selbst einschneidende Schicksalsschläge ganz unterschiedlich erlebt und bewertet werden. Auch Geschichtsbücher werden von kommenden Generationen wieder neu geschrieben.
Diese Tatsache hat etwas Befreiendes. Wir können uns unsere Lebensgeschichte immer wieder neu erzählen. Wir können das herauspflücken, was uns in der Gegenwart behilflich ist, uns besser zu verstehen. So können wir Zusammenhänge neu erkennen und weiten unseren Blickwinkel. Das Essenzielle der Erinnerung wird nicht zerstört, wird bleiben und das Fundament unserer Biografie bilden. Wie wun-

derbar jedoch, dass wir auf diesem Fundament ein Leben lang an unserem Haus bauen können.
So ist es auch beim Schreiben von biografischen Texten wie bei unserem Ping-Pong-Spiel. Wichtig ist zu wissen, dass unsere Texte zu einer anderen Zeit, in einem späteren oder früheren Lebensabschnitt anders formuliert und inhaltlich andere Akzente gesetzt worden wären. Ausschmückungen und Erweiterungen würden anders angebracht. Und so ist einmal mehr das Wunder des Lebens sichtbar, das stete Verändern um den festen Kern, der alles zusammenhält. Die Erinnerung, die uns heute so und in dieser Form gegenwärtig wird, ist die Erinnerung, die jetzt zu Papier gebracht werden möchte, und uns jetzt in der Gegenwart etwas erzählt und uns weiterführt.

Nicht was wir erleben, sondern was wir empfinden, was wir erleben, macht unser Schicksal aus.

Marie von Ebner-Eschenbach (1830–1916)

Die Kraft der unscheinbaren Geschichten

Jeder Mensch erzählt Geschichten, manchmal sich selbst, dann wiederum einem anderen Menschen. Wir erzählen im Zug, im Treppenhaus, auf dem Sofa. Könnten wir einander nichts erzählen, wären wir wohl kaum lebensfähig.
Manchmal zählen wir auch einfach auf, was wir erlebt haben. So gehen vor allem Kinder vor, wenn sie schreiben. «Ich habe das getan, dann das, dann das.» Eine solche Aufzählung kann langweilig werden. Deshalb wäre es schön, wenn es uns gelänge, ein einzelnes Erlebnis in eine Geschichte zu verwandeln. Wie macht man das? Indem wir schlicht und anschaulich schreiben, sodass der Leser die Freude des Erzählers spürt. Sinnlich schreiben bedeutet so zu schreiben, als hätte man die Geschichte gerade erst erlebt. Es geht darum, sie mit konkreten, bildhaften Worten auszuschmücken, um eine Atmosphäre zu schaffen. Wie war das damals? Und wie ist das heute? Was sehen, hören, riechen, schmecken wir? So wird jede noch so banale Geschichte lebendig und strömt Kraft aus.
Wenn wir uns zu einer bestimmten Geschichte entschliessen und sie aufschreiben, dann erinnern wir uns. Wir schreiben sie so anschaulich wie möglich auf, und mit jedem Satz wird unsere Erinnerung plastischer. Details können uns entfallen sein, kein Problem, dann erfinden wir sie, sodass die Geschichte Konturen bekommt, sodass sie wie ein Film bei uns und dem Leser abläuft. Es gibt «geborene» Erzähler. Das sind Menschen, die wahrscheinlich als Kind in der Familie jemandem an den Lippen hingen, der gerne erzählte. Oft sind das die Grosseltern, die das Illustrieren von Tatsachen liebten. Wenn der Kern einer Geschichte echt ist, dann dür-

fen die Details ruhig ein bisschen ausgeschmückt werden. So wird jede noch so einfache Geschichte spannend.
Deshalb gibt es keine banalen Geschichten. Es gibt nur langweilig erzählte oder geschriebene Geschichten. Es gibt im Leben eine immense Fülle von kleinen Begebenheiten, von kleinen oder grösseren Tragödien, von Alltagsgesprächen, von persönlichen Vorlieben und Abneigungen. Solche Momentbeobachtungen und -erlebnisse in Geschichten zu verwandeln, kann lustvoll sein.
Wir brauchen solche Geschichten, um unsere Identität und unser Selbst zu bewahren. Schreiben wir sie auf und geben sie weiter, dann profitieren wir zweimal: Wir schenken dem Schreibpartner ein Ping oder Pong und helfen ihm so zu einer eigenen Geschichte, und wir sind um eine weitere Geschichte reicher.

Spielen ist Experimentieren mit dem Zufall.

Novalis, Fragmente (1772–1801)

Unterschied zwischen Ping Pong und dem Briefeschreiben

Bestimmt haben Sie auch schon erfahren, wie anspruchsvoll das Briefeschreiben sein kann. Wir wollen oder müssen dem Adressaten etwas mitteilen. Dies kann eine delikate Sache sein. Da gilt es, bei jedem Gedanken die richtigen Worte zu finden. Selbst wenn wir sie gefunden haben, kann der Leser noch zwischen den Zeilen lesen. Ist er uns gut gesonnen, interpretiert er grosszügig, steht er mit uns auf Kriegsfuss, haben wir fast keine Chance, verstanden zu werden. Deshalb tun sich viele Menschen schwer, Briefe zu schreiben. Worte haften, und wenn sie an ein «Du» gerichtet sind, haften sie noch stärker. Ein Brief oder eine Karte ist immer an einen Empfänger gerichtet, auch wenn der Schreibende versucht, ganz bei sich zu sein und vor allem über sich selber zu schreiben. Die Gefahr des Missverstehens ist da – selbst bei einem Liebesbrief.

Ping-Pong-Partner jedoch können sich nicht missverstehen. Schreibt der eine einen Text, dann ist er mit sich selbst beschäftigt und denkt während des Schreibens nicht an sein Gegenüber. Das «Du» – also der Ping-Pong-Partner – existiert wohl, ist aber während des Schreibprozesses nicht unmittelbar präsent. Was die beiden verbindet, ist das Bedürfnis zu schreiben und die Freude, sich schreibend auszudrücken. Sie inspirieren und überraschen einander. Sie erwarten keine Antwort in einem engeren Sinn. Ihre Antwort ist eine Wahl von unzählig vielen Möglichkeiten. Ein Ping-Pong-Text wird nicht infrage gestellt, er ist immer das Werk des Eigentümers. Vielleicht wird die Geschichte nicht immer verstanden, so wie Kunstwerke auch nicht immer verstanden werden. Trotzdem ist es möglich, aus einem Text, den man nicht

ganz versteht, einen eigenen Text zu gestalten. Beim Briefeschreiben muss man nachfragen, wenn man etwas nicht verstanden hat. Beim Ping-Pong-Schreiben kann man den geschenkten Text einfach stehen lassen.
Das Briefeschreiben und das Ping-Pong-Schreibspiel schliessen einander selbstverständlich nicht aus. Beides hat seinen Wert: im Ernst und im Spiel des Lebens.

> Es gibt Minuten, in denen alle
> verborgenen Edelsteine der Seele
> offenliegen.
>
> Robert Musil (1880–1941)

Die Sehnsucht nach Resonanz

Einander Geschichten zu schreiben, kann als Spiel und als ernste Sache verstanden werden. Es sollte ein freudvolles Schreiben ohne Zensur sein, geprägt von einer unbekümmerten Leichtigkeit und manchmal auch einer unerwarteten Ernsthaftigkeit, je nachdem, welches Thema gerade auftaucht. Das Ping-Pong-Schreiben hat nichts mit Oberflächlichkeit zu tun, im Gegenteil. Es befriedigt eine tiefe Sehnsucht, die wir alle in uns tragen, ein Bedürfnis, anerkannt zu werden. Wir sind keine Einzelgänger – wir brauchen ein Gegenüber. Schon allein das Schreiben der Texte löst eine grosse Zufriedenheit aus. Dieses Gefühl wird noch verstärkt, denn unsere Texte landen nicht in der Schublade, sie werden «veröffentlicht». Unser Schreibpartner ist diese Öffentlichkeit. Indem wir einen Text zurückerhalten, entsteht eine Vernetzung, ein Verstandensein auf einer tieferen Ebene. Obwohl die Texte inhaltlich nicht aufeinander Bezug nehmen, sind sie verwoben. Ein Hin und Her auf einer unbewussten Ebene. Das beglückt. Das stillt die Sehnsucht nach Resonanz.

Wir haben die Erfahrung gemacht, dass dieses Verstandensein sich sehr stark beim biografischen Schreiben einstellt. Da haben die Text direkt mit unserem Leben, unseren Erlebnissen und Erinnerungen zu tun. Die Geschichten wirken aus sich heraus. Es muss nicht über sie gesprochen werden. Kein Zerreden, kein Analysieren ist nötig. Sie werden als das wahrgenommen, was sie sind. Wir teilen unsere Erfahrungen, unsere Vergangenheit und unsere Betrachtungsweise, ohne bewertet zu werden, ohne eine Diskussion auszulösen.

Wir erhalten trotzdem eine Antwort, nämlich ein Ping oder Pong, das eine ganz neue und andere Geschichte erzählt und doch mit uns vernetzt ist.
Ein längeres Schreiben zu zweit ist wie eine gemeinsame Wanderung. Wir sehen die Landschaft mit unseren Augen und staunen, was unser Partner sieht. Wir gehen manchmal dicht nebeneinander oder wieder in grösseren Abständen. Vielleicht wählen wir einmal eine Abkürzung und unser Partner nimmt die breite Landstrasse. Wichtig ist: Wir gehen nicht allein. Wir haben einen Mitspieler – wir haben ein Echo auf unserem Schreibweg.

Erinnerung ist eine Form der Begegnung.

Khalil Gibran (1883–1931)

Erzählcafé und Ping Pong

Wir alle kennen folgende Situation: Sie mag an einer Familienfeier spielen, an einer Klassenzusammenkunft oder einfach, wenn sich ein paar Menschen zum geselligen Beieinandersein treffen. Jemand aus der Runde erzählt ein Erlebnis aus seinem Leben, eine längst vergangene Begebenheit. Oft werden solche Erinnerungsgeschichten nach einem über Jahre festgefahrenen Skript erzählt. Da mag der Ehepartner, der Freund oder der gute Bekannte bei sich denken: «Ach, nun kommt wieder diese Geschichte!» Er kann sie nicht mehr hören. Solche mündlich weitergegebenen Erzählungen gleichen einem Mythos. Sie können zum Beispiel zu Familienmythen werden. Das sind Erzählungen über Familienangehörige und Ahnen, die schon immer so weitergegeben wurden und keine Veränderung dulden. Sie können für Zuhörer, die sie zum ersten Mal hören, sehr spannend sein und beleben jedes Erzählcafé. Im Laufe der Jahre festgelegt, werden sie nun wortgetreu erzählt. Diese Geschichten haben eine grosse Kraft. Sie sind die Herrscher im Erinnerungsschatz. An ihrem Wahrheitsgehalt wird nicht gerüttelt. Erstaunlich ist die Tatsache, dass das Schreiben von Ping Pongs ganz andere Erinnerungen wecken kann, Erinnerungen wie Pflänzchen, die irgendwo in einer Ritze unbeobachtet ihr Dasein fristen und zufällig von einem Wanderer entdeckt werden. Wie die kleine Blume im kargen Felsen auf den Wanderer, so üben diese Erinnerungen einen besonderen Zauber aus. Das sind keine grossen Geschichten, die zu Mythen herangewachsen sind. Es sind kleine Alltagsbegebenheiten, die aus dem Vergessen auftauchen und beim Schreiben zu neuem Leben erweckt werden. Sie machen

unser Leben reicher, denn es sind ganz persönliche, ureigene Erfahrungen, die nun in einem Ping oder Pong verpackt zu Perlen im Alltag werden.
Beim Erzählen geschieht dies seltener, vermutlich weil wir auf das Publikum, auf das «Du» ausgerichtet sind. Verstehen Sie uns richtig: Das Erzählen ist sehr wertvoll und gibt unserem Leben Sinn, Zusammenhalt und Wichtigkeit. Der Zauber des Ping-Pong-Schreibens ist eine Erweiterung. Wir entdecken ganz neue Facetten in unserem Leben und teilen sie. Um das Bild nochmals aufzunehmen: Ein Blümchen in der Felsspalte ist eine Überraschung, eine unerwartete Freude mit ganz anderen Qualitäten als das Blumenmeer beim Gärtner.
Selbstverständlich kann eine Erinnerung, die beim Ping-Pong-Schreiben geweckt worden ist, mündlich weitergegeben und zu einer Geschichte werden, die schliesslich ihren Weg ins Erzählcafé findet. Es ist uns aber sehr wichtig, dass dies nicht das eigentliche Ziel des Ping-Pong-Schreibens ist. Pings und Pongs leben vom Moment, ihr Geburtshelfer ist das Hier und Jetzt, entstanden im Lesen und Schreiben, im Empfangen und Geben, im Hin und Her.

> Lesen-Können – darauf läuft
> schliesslich alles hinaus.
>
> Christian Morgenstern (1871–1914)

Lesen als Schlüssel zum Schreiben

Das Ping-Pong-Spiel führt uns nicht nur zum spielerisch-lustvollen Schreiben, es schenkt uns Texte unseres Schreibpartners und damit immer wieder neuen Lesegenuss. Deshalb möchten wir uns an dieser Stelle auf einen kleinen Exkurs in die Welt des Lesens begeben.

Die Entstehung der Schrift liegt im Dunkeln. Es sind Mythen, Legenden und Sagen, die erklären, wie das geschriebene Wort auf die Welt kam. Vorläufer der Schrift sind sicher gezeichnete und gemalte Bilder, zum Beispiel Felsmalereien, in denen die Menschen versuchten, ihr Erleben und ihr Fühlen festzuhalten und zu kommunizieren. Es wird vermutet, dass bei diesen alten Malereien oft religiöse Riten dargestellt wurden. Das Bedürfnis sich auszudrücken, ist also kein neuzeitliches Phänomen, sondern besteht schon seit Tausenden von Jahren. Ob wir wollen oder nicht, wir sind religiöse Wesen. Religion heisst ja ursprünglich «Vereinigung mit einer Regel». Wir versuchen, Struktur in das Chaos unseres Daseins zu bringen. Das Aufzeichnen schafft Klarheit und Struktur. Diese «Bildgeschichten» haben sich im Lauf der Jahrhunderte zu Bilderskizzen, sogenannten Piktogrammen entwickelt, symbolisch vereinfachte Zeichnungen eines Zustands oder Erlebnisses.

Nun stellen wir zwei verschiedene Entwicklungsstränge fest: Die eine Schriftentwicklung hat die Bilder behalten und weiter stilisiert, wie wir sie beispielsweise bei der chinesischen Schrift finden, die andere hat sich zur Lautschrift entwickelt, dem Alphabet, wie wir es kennen. Beim Lesen dieser beiden Schrifttypen werden übrigens ganz verschiedene Hirnregionen angesprochen. Doch dies soll uns hier nicht

weiter beschäftigen. Wichtig ist jedoch die Tatsache, dass die Fähigkeit zu lesen nicht angeboren ist, sondern gelernt werden muss. Der Erwerb der Sprache ist genetisch festgelegt und jeder Mensch, auch der Mensch, der in der Wildnis aufwächst, beginnt Laute zu formen, eigene Wörter zu bilden, zu sprechen. Lesen aber lernt er nicht.
Was bedeutet das nun für unser Lesen? Die Entwicklung der Lesefähigkeit aktiviert die gleichen Hirnregionen wie die Spuren- und Fährtensuche. Diese Fähigkeit war für das Überleben unserer Vorfahren lebenswichtig. Stellen Sie sich vor, Sie sind Oberhaupt einer Sippe, seit Tagen haben Sie kein Wild mehr erlegen können und der Magen knurrt. Den stillenden Frauen droht die Milch auszugehen. Weit und breit ist keine Herde in Sicht, weit und breit kein Vogel am Himmel. Da entdecken Sie die Spur eines hinkenden Hirsches. Sie stellen fest, dass er vor einer Stunde diesen Weg gekreuzt hat – was für ein Endorphinstoss wird durch Ihren Körper gehen! Was für ein Glücksgefühl, was für eine Dankbarkeit. Das Überleben Ihrer Sippe ist für die nächsten Tage gewährleistet. Genau so geht es uns beim Lesen, wenn wir einen Text in den Händen halten, der eine Spur in uns anklingen lässt, eine Fährte zu unserem Erleben, zu unseren Erfahrungen und Erinnerungen. Was für ein beglückendes Gefühl.
Kehren wir zurück zu unserem Steinzeitjäger. Er wird nun seine Männer zusammenrufen und sie werden der Spur folgen. Dabei müssen sie sich gegen wilde Tiere und andere Gefahren wappnen. Auch ist nicht gesagt, dass die Spur sie direkt zum noch lebenden Tier führt. So lassen Sie uns nun den Sprung zu unserem erhaltenen Ping oder Pong wagen: Was für ein Abenteuer ist es, in den erhaltenen Text einzutauchen, die Schrift zu entziffern, der Geschichte zu folgen. Wie glücklich macht es uns, wenn wir dabei mit einem «erlegten Hirsch» belohnt werden, einem Schlüsselwort, das uns zu unserer Geschichte führt, zu unserem Ping bzw. Pong, das wir nur noch aufzuschreiben brauchen.

Fantasie ist die Gabe, unsichtbare Dinge
zu sehen.

Jonathan Swift (1667–1745)

Was wäre wenn …?

Es kann sein, dass Sie und Ihr Spielpartner beschliessen, keine biografischen Texte zu schreiben, sondern fiktive Geschichten auszutauschen. Vielleicht geschieht dies auch ohne vorherige Absprache, weil die biografischen Pings und Pongs Fantasien auslösen, die nun aufs Papier gebracht werden möchten. Dies kann sehr lustvoll sein. Wichtig ist uns, dass Sie dabei keinen Anspruch auf das Schreiben literarischer Texte haben, sondern kurze Geschichten fabrizieren, die aus dem Augenblick entstanden sind. Es sind Rohtexte aus dem Schatz der Vorstellungswelt. Diese dürfen Ecken und Kanten haben und werden nicht dem rauen Wind der Literaturkritik ausgesetzt.

Es gibt eine stattliche Anzahl Schreibbücher zum Thema «Wie schreibe ich eine gute Geschichte». In diesen Anleitungen wird auf Sprache, Stilistik, Aufbau, Dramaturgie und weitere Kriterien literarischen Schreibens eingegangen. Wie beim biografischen Ping Pong geht es uns auch beim fiktiven Schreiben nicht darum. Es geht um den Moment des Schreibens, die Lust am Fabulieren, das Eintauchen in Geschichten und die Überraschung, wie sie sich entwickeln. Es geht nicht um das Resultat, sondern um den schöpferischen Prozess. Vergessen Sie nicht, es sind Bälle, die hin- und herfliegen, ihre Flugbahn kann morgen schon anders sein. Selbstverständlich ist es wunderbar, wenn eine abgerundete Geschichte in die Feder fliesst. Das ist dann wie ein Geschenk.

Beim fiktiven Schreiben schöpfen wir aus der Welt der Fantasie. Auch diese Texte sind nicht für die Öffentlichkeit gedacht. Sie sind für den Schreibpartner verfasst, und er freut sich daran. Es ist spannend zu erleben, welche Ideen der eigene Text beim Mitspieler weckt. Alles ist möglich, wir schaffen uns unsere Welt. Erstaunlich bleibt, wie oft diese fiktiven Geschichten im tiefsten Kern mit unserem Leben zu tun haben. Vielleicht ist es ein bekannter Schauplatz, den Sie für Ihre Geschichte wählen oder eine Figur hat Ähnlichkeiten mit einer Person aus Ihrem Leben. Oder das Thema in Ihrer Geschichte hat mit der gegenwärtigen Lebenssituation zu tun. Wir stellten fest, dass beim fiktiven Schreiben der Inhalt des erhaltenen Textes eine grosse Rolle spielte. Er beflügelte unsere Fantasie. Das Schlüsselwort, das wir dann wählten, war die Zündung, und die Geschichte entwickelte sich auf dem Papier. Jede Geschichte stand selbstständig für sich, wir schrieben keinen Fortsetzungsroman. Falls Sie jedoch Lust haben, das erhaltene Ping oder Pong weiterzuspinnen und die Geschichte fortzusetzen, ist das auch gut so. Sie und Ihr Mitspieler allein entscheiden, wohin die Schreibreise führt, und ob dabei ein Roman entstehen soll, ein Rohtext-Roman! Wir fügen nun ein paar unserer fiktiven Geschichten an.

Beispiele für fiktive Geschichten

Ping: Wirklichkeit

Nichts wünschte sich Ruth als Kind so sehr, wie vom Prinzen wach geküsst zu werden. Ihre Mutter meinte, sie müsse nur Geduld haben, auch sie werde, wenn das Schicksal es für gut befände, von einem Prinzen beschenkt. Der Mann, der später auf sie zukam, zögerte zuerst, bevor er sie zaghaft in die Arme nahm, dämmerte er doch selbst noch halbschläfrig dahin. Trotzdem küsste er Ruth, und sie küsste ihn. Als wenig später die Hochzeitsglocken läuteten und der Priester

feierlich verkündete, dass sie füreinander bestimmt seien, gaben Ruth diese Worte Kraft und Sicherheit. Als Mann und Frau liefen sie Hand in Hand aus der Kirche. Die Gäste strahlten, denn sie waren ein schönes, junges Paar.
Ruth jedoch hatte den Dornröschentraum vom Prinzen auch als junge Frau nicht begraben und sehnte sich nach wie vor danach, wach geküsst zu werden – sinnenwach. Während sie wartete, gebar sie drei Kinder, kümmerte sich später um deren Nöte und versuchte, ihrem Gatten eine gute Frau zu sein. Sie hielt den Haushalt in Schwung und hatte stets ein offenes Ohr für die Sorgen der Nachbarinnen. Später, als die Kinder aus dem Gröbsten raus waren, half sie ihrem Mann im Geschäft. Zuerst widmete sie sich ein paar Stunden pro Woche der Buchhaltung der Garage, dann, als die Kinder flügge waren, übernahm sie die Verantwortung für die gesamte Bürotätigkeit. Ihrem Mann war das recht, konnte er sich doch so besser um die Kunden kümmern, und überhaupt, sein Lieblingsort war sowieso die Werkstatt.
Ihr Lieblingsort aber war der Sessel in der Stube. Von Montag bis Freitag zwischen fünf und viertel vor sechs kuschelte sie sich ins weiche Leder, nicht ohne vorher auf die Fernbedienung zu drücken. Nie war sie um diese Zeit im Geschäft ihres Mannes anzutreffen, nie sah man sie im Coop, beim Coiffeur oder beim Arzt. Ruth tauchte unter. Sie war Teil der Familie Grafenberg, in deren Schloss das Leben mehrfach konzentriert stattfand. Während sich Romeo und Julia tief in die Augen schauten und unter der Wucht ihrer Gefühle erzitterten, um sich dann ekstasentief zu küssen, schaltete Ruth jegliches Geräusch aus ihrem Umfeld aus. Julia, wie auch Romeo, war jung, schön und selbstbewusst, und wenn es ihr auch an Reichtum mangelte, dann war sie zumindest mit Talenten bestückt. Bevor die beiden jedoch den wichtigsten Tag ihres Lebens – die Hochzeit – feiern durften, gab es auf ihrem Glücksweg Hindernisse noch und noch. Dunkle Kräfte stellten sich ihnen in den Weg.

Selten zweifelten sie an ihrer Liebe. Doch wenn ein allzu starker Widersacher Julia so manipulierte, dass sie an Romeo zu zweifeln begann, dann war er es, der mit Bärenkräften um seine Liebste kämpfte. Das gelang immer. Je stärker der Konflikt, desto grossartiger die Versöhnung, und die daraus entstehende Hochzeit war umso glanzvoller. Das ganze Schloss strahlte an diesem Tag in einer Blumenpracht. Selbstverständlich schien die Sonne warm auf die eingeladenen Gäste, sodass die Damen mit ihren dekolletierten, körperbetonten Seidenroben und die Herren in weissen Anzügen für die Zuschauer ein einziger Freudenrausch waren. Vor dem Altar gab sich das Paar nicht einfach ein einziges schlichtes «Ja», sondern gelobte sich gegenseitig ewige Treue und Liebe mit persönlichen, ausführlichen Worten, die den Kitsch zwar streiften, aber kurz vor dem Unerträglichen halt machten. Genau so, dass manche Kirchenbesucher in den Bänken ihr Taschentuch zückten. Auch Ruth rieb mit dem Rockärmel Freudentränen ab, damit ihr Blick wieder klar wurde. Sie hatte schon manche Hochzeit auf dem Weg zum Glück erleben dürfen, schliesslich war das bereits die 721. Sendung. Auch wenn ihr mittlerweile klar war, dass in der 722. Sendung sich das Paar für die Flitterwochen verabschieden würde, um nie mehr aufzutauchen, so wusste sie aus Erfahrung, dass – zwar noch in einer Nebenrolle – eine neue Julia sich heranpirschen würde. Welcher junge Mann zum Romeo werden würde, war noch ungewiss. Das hatte ja noch Zeit, schliesslich musste es sich lohnen, dem Weg zum Glück auch morgen entgegenzufiebern.
Um viertel vor sechs drückte Ruth wie in Trance auf die Fernbedienung und nahm von der Familie Grafenberg Abschied. Sie stand auf und drehte den Hausschlüssel zu ihrer Wohnung, damit ihr Mann, wenn er in wenigen Minuten von seiner Werkstatt nach Hause kam, seine Hände im Badezimmer waschen konnte. Dann würde er einen Blick in die Küche werfen und fragen: «Was gibts heute?»

Pong: Ihr Lieblingsort aber war der Sessel in der Stube

Flora kannte die Welt und sie liebte sie. Meistens wenigstens. Flora grämte sich nicht über die Unannehmlichkeiten des Alltags, seien dies die ewigen Auseinandersetzungen mit der Nachbarin oder die Konfrontation mit dem Appenzellerrüden aus der Nebenstrasse, der ohne Grund pausenlos bellte und bei Vollmond heulte, dass man glauben konnte, der Werwolf selber mache das Quartier unsicher. Im Sommer genoss sie den Halbschatten unter der grossen Linde vor dem Haus. Dort legte sie sich an sonnigen Nachmittagen hin, schloss die Augen und döste. Im Winter liebte sie die Wärme des Kachelofens und verbrachte Stunden auf der Ofenbank, oft mit einem Knäuel Wolle beschäftigt. Ihr Lieblingsort aber war der gelbe Ledersessel in der Stube. Eigentlich war dieses Möbelstück der Fernsehsessel von Matthias. Matthias war der Hausherr, doch das kümmerte Flora nicht, sie nahm das weiche Sitzpolster mit Genuss in Beschlag. Matthias setzte sich dann meist neben sie auf die zum Sessel gehörende Fussstütze und bemerkte nur: «So, Flora, hast du es dir wieder bequem gemacht.» Flora ignorierte seine Bemerkung und schloss die Augen, als ob sie schliefe. «Träumst du wieder von Mäusen?», stellte Matthias da eine seiner überflüssigen Fragen. Von Mäusen? Wie nur kam Matthias auf diese Idee. Muss wohl mit der Finanzkrise zusammenhängen. Noch nie hatte Flora Matthias so oft von Mäusen sprechen hören.

Flora träumte nicht, Flora schaute fern. Doch das interessierte Matthias nicht. Er zappte die Sheba-Reklame vor ihren Augen weg. Dabei liebte Flora Werbespots über alles. Die Geschichten waren kurz, einfach verständlich und enthielten immer **eindeutige Botschaften.** Matthias aber interessierte sich nicht für Werbung. Er liebte die Sportsendungen. Da konnte er sich richtig ereifern. Flora verstand das nicht, liess ihn aber gewähren. Wie konnte man sich nur über verpatzte Tore so aufregen. Wenn Matthias richtig loswetterte und sein Bierglas hastig leerte, nahm Flora ihren Wollknäuel und war mit sich und der Welt zufrieden. Wie viel inspirierender war doch dieser zum Ball aufgewickelte Wollfaden als irgendein lederner Fussball. Zudem genoss sie es, nicht auf eine Mannschaft angewiesen zu sein. Flora war eine Einzelgängerin. Früher war das anders gewesen. Da hatte sie sich noch jedem Dahergelaufenen angeschlossen und war ihm oft bis nach Hause gefolgt. Putzig fand man sie, sie bekam auch manche Streicheleinheit. Doch irgendwann wurde ihr das alles zu viel, und sie war glücklich, Matthias gefunden zu haben. Er trug sie auf Händen und teilte nun schon seit Jahren das Bett mit ihr.

Vor allem aber überliess er ihr den Sessel in der Stube. Das war wirklich grosszügig und nicht von Beginn an so. Am Anfang ihrer Beziehung hatte er sie noch vehement vom Thron gestossen und markiert: «Flora, dieser Sessel gehört mir. Du kannst dir einen anderen Platz suchen!» Flora hatte das einzig Richtige gemacht, was man in solchen Fällen gegenüber den Herren der Schöpfung tun kann: Sie schwieg, erhob sich, streckte sich, schwieg weiter, ging langsam durch die Stube zur Türe und präsentierte sich in geschmeidigem Gang von allen Seiten. Leichtfüssig trat sie über die Schwelle. «Warte, Flora, ich habe es doch nicht so gemeint», rief Matthias.

Flora drehte sich um, schaute Matthias aus ihren grünen Augen an, blinzelte, traute aber Matthias Worten nicht. Rar musst du dich machen, dachte sie, und verschwand durch die Stubentüre. Und genau das war die richtige Strategie. Matthias suchte Flora überall, doch sie war wie vom Erdboden verschluckt. Als sie dann eine Woche später wieder nach Hause kam und sich, wie wenn nichts geschehen wäre,

auf dem Sessel in der Stube niederliess, sagte Matthias kein einziges Wort. Sie hörte nur, wie er erleichtert aufatmete. Wie es für Männer typisch ist, wurde der ganze Vorfall totgeschwiegen und das Leben nahm seinen gewohnten Lauf, Jahr um Jahr.
Flora war eine Lebenskünstlerin. Sie war mit sich und der Welt zufrieden. Manchmal aber, wenn der Wind aus Süden blies, der Abendstern über der Tanne vor dem Stubenfenster leuchtete und eine Amsel ihr letztes Abendlied sang, wenn das Wasser aus dem Wasserhahn in der Küche tropfte, weil Matthias vergessen hatte, den Hahn richtig zuzudrehen und wenn sich dieses Tropfen mit dem Vogelgesang zu einer lockenden Musik vereinte, dann erhob sich Flora aus ihrem Lieblingssessel, streckte sich, verharrte lauschend einen Augenblick und verschwand auf leisen Pfoten in die Nacht hinaus.

Ping: Eindeutige Botschaften

«Ich werde heute um fünf Uhr dicht machen. Meine Enkelin erwartet mich zu Hause.» «Dicht machen – diesen saloppen Ausdruck benützt Generaldirektor Rechsteiner sonst nie», überlegt seine Assistentin, «und schon gar nicht in seinem Büro in der Chefetage der Chocolat Suisse Corporation. Das muss mit dem Besuch seiner Enkelin zu tun haben.»
Dr. Rechsteiner sitzt an seinem Pult und vergewissert sich im office-book, um welche Zeit der Verwaltungsrat am Montag tagen wird und blättert dann die nächsten Seiten um. «Ich sollte wohl endlich etwas kürzer treten», seufzt er, als er bemerkt, dass er den ebenfalls am Montag stattfindenden Lunch mit Kollege Bitterli beinahe vergessen hat. Mittwochabend ist das halbjährliche Dinner im Golfklub mit Gattin angesagt, und für die Fachvereinigung am Donnerstagmor-

gen sollte das Konzeptpapier, das er den Managern in den unteren Etagen versprochen hat, endlich bereinigt sein.
Doch jetzt ist Familie angesagt. Rechsteiner ordnet die Papiere auf seinem ohnehin überblickbaren Schreibtisch und rückt die Schwarz-Weiss-Fotografie der DC3 an seinem Pult zurecht. Dieses Bild hat schon oft für eine visuelle Gesprächshilfe gedient, also muss es so platziert sein, dass es sein Gesprächspartner im Blick hat. Oft konnte er so ganz zwanglos seinem Gegenüber einen Einblick in seine Biografie als Militärpilot vermitteln.
Mit einem Griff an seinen Krawattenknopf klemmt Rechsteiner die Aktenmappe unter den Arm, eilt aus dem Büro, nicht ohne Frau Maurer ein erholsames Wochenende zu wünschen, und steigt in der Garage nicht mehr ganz so behände wie früher in seinen Mercedes. Er vergewissert sich, ob er den Brillantring für seine Frau zu ihrem fünfundzwanzigjährigen Hochzeitstag auch wirklich dabei hat. Wie immer, wenn er den Bijouterieladen verlässt, ist er unsicher. Annette ist im Grunde genommen der Hausmütterchentyp und macht sich nichts aus echtem Schmuck. Ihr fehlt ein Schuss Eleganz, extravagant ist sie schon gar nicht. Wenigstens adrett sollte sie sein. Viel zu lange zieht sie jeweils den nächsten Coiffeurbesuch in die Länge. Nun, wenn sie sich nichts aus dem Ring macht, dann ist er wenigstens ein sicherer Anlagewert. Schade, dass Annette nicht Schritt halten konnte. Schritt halten mit ihm, Generaldirektor Rechsteiner. Im Grunde genommen schätzt sie die Villa am See gar nicht. Er muss ständig auf sie einreden, sich standesgemäss zu bewegen. Hat sie doch heute Morgen wieder einmal einen Kuchen gebacken, anstatt den Kurierdienst bei Sprüngli zu bemühen. Wenn sie sich auch nichts mehr zu sagen haben: Eine Scheidung kommt in seiner Position nicht infrage, das weiss Annette ganz genau. Dieses Thema ist tabu.
Als Peter Rechsteiner vor seiner Villa über den Kiesweg fährt, öffnet sich die Tür, und Steffi winkt ihm entgegen. Das ist

der Augenblick, in dem es sich lohnt, eine Familie zu haben, denkt er, und lacht ihr entgegen. «Hallo Steffi», begrüsst er sie und drückt ihr einen Kuss auf die Stirn. «Opa, komm, ich muss dir etwas zeigen.» Sie nimmt seine Hand und zieht ihn in den Salon. «Opa, schau mal, was ich auf dem **Büchergestell** gefunden habe. Fotos, als du noch jung warst.» Auf dem Perserteppich liegt ein ausgebreitetes Fotoalbum, das er, so scheint es ihm, noch nie gesehen hat. «Oma hat gesagt, dass du das bist.» Rechsteiner kniet in seinem grauen Anzug auf den Perserteppich und sucht den, der er gewesen sein soll. Ein bärtiger, schlacksiger Typ mit langen fettigen Haaren schaut ihn ernst an. Neben ihm drei Schulfreunde aus der Gymi-Zeit. Der rechts neben ihm, das muss der Alex sein. Er hält ein Transparent in die Höhe: «Sieg der Revolutionären Marxistischen Liga – nieder mit dem Establishment». Hip waren sie damals gewesen, mit einem Joint zwischen den Lippen. «Opa, stimmt es, was Oma gesagt hat. Bist das wirklich du?» «Scheint so. Oma wird schon recht haben.» Kurz zögert er, ob er die nächste Seite umdrehen soll. Dann entscheidet er sich anders: «Komm, wir gehen zu Oma und fragen, ob der Kuchen schon fertig ist.»

Pong: Büchergestell

«Und Bücher waren seine Leidenschaft. Nun hat sich nach 92 Jahren, vier Monaten und drei Tagen der Lebenskreis von Sebastian Graf vollendet. Sein Lebensbuch ist geschlossen und ruht nun in den Händen seines Schöpfers.» Der Pfarrer faltete die Hände, blickte zur Empore. Orgelmusik und Querflöte füllten den Kirchenraum. Der Trauergottesdienst war beinahe vorbei. Ich schaute mich in der Kirche um und war erstaunt, wie viele Menschen hier waren, um von Herrn Graf Abschied zu nehmen. Mit 92 Jahren erwartet man nicht mehr viele Leute am Begräbnis. Fast alle Lebensgefährten sind einem diesen Schritt schon vorausgegangen. Doch bei Sebastian Graf schien diese Regel nicht zu gelten. Ich kannte ihn nur flüchtig, er wohnte in der gleichen Siedlung, in die ich vor einem Jahr eingezogen war. Wir grüssten uns auf dem Vorplatz und wechselten jeweils ein paar Worte. Er war ein stets korrekt gekleideter, freundlicher, älterer Herr. Oft trug er ein Bücherpaket bei sich oder erwähnte voller Enthusiasmus, was er im Antiquariat erstanden hatte. Büchersammler war er, durch und durch. Einmal wollte er mich einladen, um mir seine Sammlung zu zeigen, doch ich zögerte. Es lag mir fern, mich mit einem älteren Herrn in seiner Wohnung über Bücher zu unterhalten. Ich lese nicht und Literatur interessiert mich nicht. Doch ich bin höflich und gut erzogen. So ergab es sich, dass ich ihm einmal anbot, einen schweren Stapel frisch gelieferter Bücher in seine Wohnung zu tragen. Ich hatte einen guten Tag und war guter Laune. In solchen Stimmungen werde ich hilfsbereit. Was ich nun bei Sebastian Graf sah, übertraf alle meine Vorstellungen von einer privaten Bibliothek. Überall, aber wirklich überall, waren Regale montiert, in denen sich Rücken an Rücken die unterschiedlichsten Bücher reihten. Herr Graf besass eine sonnige Fünf-Zimmer-Attikawohnung. Jeder der fünf Räume war mit Büchern vollgestopft. Schmunzelnd öffnete er mir die Tür zum Balkon. Tatsächlich, auch dort stapelten sich Bücher, alle in Plastik foliert und eingeschweisst. «Damit ihnen Regen und Schnee nichts anhaben können», klärte mich der Sammler über die eingepackten Bücher auf. Sanft streichelte er mit der Hand über das unterste Regal, wie wenn er über den Kopf eines Enkelkindes streicheln würde. Stolz und liebevoll. «Darf ich Sie fragen, nach welchen Kriterien Sie Ihre Sammlung aufgebaut haben», fragte ich. Nicht aus Interesse, sondern aus reiner Gefälligkeit, um dem plötzlich aufgetretenen Schweigen ein Ende zu setzen und keine Peinlichkeit aufkommen zu lassen. Sebastian Graf überhörte meine Frage und entfernte mit spitzen Fingern eine tote Fliege von Musils «Mann ohne Eigenschaften», das neben Betty Bossis «Kochen für Gäste» stand. Links von Musil reihten sich die gesammelten Werke von Gottfried Keller, hin und wieder unterbrochen von einem Donald-Duck-Taschenbuch. Ich fand keine Logik in der Aufstellung der Bücher, empfand aber dieses wirre Durcheinander als nicht unangenehm. Wir tauschten noch ein paar Höflichkeiten aus, dann verabschiedete ich mich. Ich war nachher nie mehr in seiner Wohnung.

In den letzten Monaten sah ich ihn nicht mehr häufig, machte mir aber deswegen keine Gedanken. Überrascht hat es mich dann doch, als ich im Lokalblatt die Todesanzeige las. Und dass er so alt war, hätte ich auch nie gedacht. Am Tag der Beisetzung hatte ich frei und nichts Dringendes zu tun. So hatte ich beschlossen, an sein Begräbnis zu gehen. «Guten Tag, ich bin Florian Graf», stellte sich mir mein Sitznachbar in der Kirchenbank vor. Wie ich in seine graugrünen Augen sah, die von buschigen Brauen überdeckt wurden und ein leicht schiefes, etwas verlegenes Lächeln die Begrüssung begleitete, glaubte ich Sebastian Graf sei auferstanden, in einer verjüngten Ausgabe. «Ich bin ein Grossneffe», erklärte der junge Mann. Ich stellte mich mit Namen und Beziehung zum Verstorbenen vor, und wir wechselten ein paar Worte. «Kommen Sie doch auch zum Vesperbrot, es hat genug», lud mich Grossneffe Graf ein, und so landete ich an der Leidmahltafel neben einem jungen Mann, der mir nicht schlecht gefiel. Nach zwei Gläsern Rotwein aus der Gegend, einem reich befrachteten kalten Teller und einigen Anekdoten aus dem Leben von Sebastian Graf, die mir sein Grossneffe erzählte, kamen wir auf die Büchersammlung zu sprechen. Die Leidenschaft für Bücher stecke in den Genen, meinte Florian, auch er sei ein begeisterter Büchersammler. Nur habe er einen etwas anderen Ansatz beim Sammeln und

Ordnen seiner **Trouvaillen.** Nun erinnerte ich mich wieder an die seltsame Literaturmischung in den Regalen des alten Herrn und wagte die Frage, nach welchen Kriterien Herr Graf denn seine Bücher ausgesucht und eingereiht habe.
Florian lachte und sagte: «Ja, wussten Sie das denn nicht? Hat er Ihnen das nicht gesagt? Er hat seine Bücher nach dem Geschmack und Duft des Einbands sortiert.» «Machen Sie Witze? Was soll das heissen», entgegnete ich irritiert. «Mein Grossonkel hatte eine goldene Nase und konnte sehr gut riechen. Er war der beste Parfümhersteller seiner Branche und hat ein Vermögen verdient. Nach seiner Pensionierung aber konnte er keine Parfümflasche mehr sehen. Er hat sich ganz der Literatur verschrieben und begann Bücher zu sammeln, einfach aus Freude am Geruch von Papier, Leim, Leinen und Druckerschwärze. Seine Herkunft ist ein trauriges Kapitel. Vollwaise und Verdingkind. Lesen und schreiben hat er nie gelernt.» Zwei Wochen später war die Wohnung geräumt. Wohin die Bücher gebracht wurden, habe ich nie erfahren. Florian Graf habe ich seither nicht mehr gesehen. Hin und wieder frage ich mich, ob er die Wahrheit gesagt hat. Vermutlich schon, denn seither rieche ich an Büchern und bin begeistert, wie unterschiedlich der Duft ist, der ihnen entströmt. Obwohl ich keine Bücher lese, könnte ich mir vorstellen, welche zu sammeln.

Ping: Trouvaille

Der Bratschist Raphael Cortesi hatte zwei Stunden nach der Aufführung der Beethoven-Sinfonie Nr. 5 seine Viola unter dem **Kleiderschrank** deponiert. «Von mir aus für immer», hatte er damals gedacht. Er erinnerte sich, wie er sich im noch halbleeren Konzertsaal mit ein paar Streichbewegungen auf sein letztes Konzert vor seiner Pensionierung eingestimmt hatte. Seine Finger reagierten prompt, aber das nahm nur er wahr. Sie vibrierten, fast so wie die Viola. Schon seit Jahren freute er sich auf diesen Tag. Die Intrigen im Stadtorchester waren in den letzten Jahren kaum auszuhalten gewesen. Raphael Cortesi hatte sich 35 Jahre lang und bis zum Überdruss den Interpretationen der Dirigenten angepasst. Das reichte. Den Applaus des Publikums nahm er dieses letzte Mal bewusst entgegen, als gelte er ihm allein, dann verabschiedete er sich von einzelnen Kollegen und ging, wie jeden Abend nach der Aufführung, allein nach Hause. Er wünschte ausdrücklich kein Abschiedsbrimborium. Als ihn ein Musikerfreund kurz vor seiner Pensionierung fragte, wie er gedenke, die nächsten Jahre zu verbringen, zuckte er mit den Schultern: «Das ergibt sich», antwortete er. Zuerst wolle er die Anspannung der letzten Jahre lösen und sich darüber freuen, nicht mehr funktionieren zu müssen und sei es nur, pünktlich zu den Proben zu erscheinen.

Seine Spaziergänge wurden von Woche zu Woche ausgedehnter, auch die Morgenessen zog er genüsslich in die Länge. Als er an einem lauen, dämmrigen Sommerabend den Abendspaziergang noch ein bisschen ausweiten wollte und dafür den Umweg über die Neubausiedlung wählte, hörte er aus dem geöffneten Fenster über ihm einen Lustschrei, hell und grell und kurz darauf die Antwort, eine Tonstufe tiefer. Dann wurde es still. Raphael Cortesi stand wie gebannt vor dem Fenster. Diese Tonkombination hatte er so noch nie gehört, obwohl ihm der Anlass dazu vertraut war. Noch am anderen Morgen war er fasziniert von dem, was er gehört hatte. Dabei sah er keine Bilder und webte auch keine Fantasieszene zusammen. Er war einfach nur ganz Ohr.

Von diesem Tag an achtete Raphael Cortesi bei seinen Spaziergängen und Reisen vermehrt auf Geräusche. Als er im Zug in die Stadt fuhr, nahm er mit geschlossenen Augen die Töne wahr, die sein Waggon auslöste, als der Zug über eine Weiche fuhr und das Gleis wechselte. Die Laute unterschieden sich deutlich, je nachdem, ob der Zug geradeaus fuhr oder eine Kurve nahm. Er spielte eine Melodie: einen Bahngesang.

Drei Tage später entdeckte Raphael Cortesi bei einem weiteren Abendspaziergang einen Teich, dank der Frösche, die in ihm wohnten. Als er näher kam und sich ans Ufer setzte, verstummten sie. Nur noch einzelne Schnaken schwirrten um ihn herum. Er sah sie nicht, aber er hörte sie. Sie nahmen unanständig viel Tonvolumen in Anspruch und hörten nicht auf, in der höchsten Tonlage seine Ohren zu malträtieren. Wie froh war er, als der mutigste Frosch das Gespräch mit seinesgleichen wieder suchte und Erfolg hatte. Raphael Cortesi war fasziniert vom Klang dieses Froschkonzerts, das sich über den ganzen Teich ausbreitete. Wieder war er ganz Ohr. Nun war es um ihn geschehen. Er schaute weder fern, noch hörte er Radio, noch spielte von nun an Musik eine Rolle in seinem Alltag. Er kaufte sich das teuerste Aufnahmegerät auf dem Markt und fing damit Töne auf wie andere Menschen Bilder und wieder andere Worte. Lachende Kinder, die gerade das Fahrradfahren entdeckt hatten, den Morgengesang der Amsel auf der Dachrinne. Regentropfen, wie sie auf dem Asphalt aufschlugen, das Zerschlagen eines Tellers auf dem Steinboden – Raphael Cortesis Jagd nach Tönen war unerschöpflich. Er machte keinen Unterschied zwischen den Naturklängen oder den Klängen, die Menschen fabrizierten. Was ihn interessierte, waren Höhe, Dauer, Lautstärke, Klangfarbe, Helligkeit, Rauhigkeit, Volumen und Dichte.

Mit der Zeit aber machten sich seine Berufsprägungen bemerkbar. Fünfunddreissig Jahre lang Struktur und Ordnung in seinem Beruf hatten ihn geformt. Er musste das Chaos, das er in seinem Aufnahmegerät eingefangen hatte, ordnen. Ein Computerprogramm half ihm, die Klangerlebnisse zu schneiden und einzuordnen. So kam er zu seiner ersten Geschichte. Eine Trouvaille, eine Entdeckung, wie der Hörspielverlag Arikandia nach Herausgabe der CD in seiner Werbebroschüre schrieb. Cortesis Geschichte, ohne ein einziges Wort, nehme den Hörenden auf eine Reise mit, die voller Spannung und Abenteuer sei. Wer diese CD höre, schlafe garantiert nicht auf dem Sofa ein, was man bei Wortgeschichten nicht behaupten könne.

Pong: Kleiderschrank

«Der Schnitt ist klar. Für die Damen Hosenanzug, aber nicht zu klassisch, der Blazer kaum tailliert. Für die wenigen Herren Bundfalten und Lumber. Vergessen Sie nicht die Klientel, welche die Uniform tragen wird. Das sind keine Modellfiguren. Stoffqualität: mein Vorschlag, ein Wollgemisch für den Winter und im Sommer Baumwolle. Leinen knittert zu sehr und Seide ist zu teuer. Aber die Farbe, darüber müssen wir uns noch unterhalten.» Sabina Waldvogel, Stil- und Modeberaterin, beendete ihren Monolog und schaute in die Runde. Einen kurzen Moment fragte sie sich, ob sie hier eventuell ihre kostbare Zeit vergeudete. Vielleicht hätten es auch die aussortieren Swissair-Uniformen getan. Aber nein, Kleidergrösse 36/38 war wohl kein Thema.
Links von ihr sass ein graues Mäuschen im dunkelblauen Trevira-Jupe und selbst gestricktem Pullunder über einer weissen Bluse, die Hände gefaltet auf dem Tisch. Daneben eine schrille Vierzigjährige, die sicher kurzsichtig war und heute Vormittag ihren Kleiderschrank mit dem der vierzehnjährigen Tochter verwechselt hatte. Rechts von ihr der Leiter der Institution, ein Herr mittleren Alters mit Schnauz und randloser Brille. Wenigstens er trug einen saloppen Anzug mit pas-

sendem Rollkragenpullover. Die restliche Crew konnte sie mit einem Blick dem Veillon- beziehungsweise Ackermann-Katalog-Typ zuordnen. «Nun, die Farbe könnten wir unserem Logo anpassen», schlug Herr Vontobel, der Institutionsleiter und einzige männliche Gesprächsteilnehmer, vor. «Ein sattes Tannengrün, gut kombinierbar.» «Tannengrün zu grauen Haaren?», wisperte Frau Sager und schob ihre Brille nach oben. «Stimmt», bestätigte Sabina Waldvogel und musste ihre Meinung über das graue Mäuschen revidieren. Sie schien doch etwas von Mode zu verstehen. «Tannengrün ist keine vorteilhafte Farbe für die meist Grauhaarigen, welche die Uniform tragen werden.» «Ich schlage für die Damen Altrosa vor, eine Farbe, die jedem Teint schmeichelt, und für die Herren ein zeitloses Taubenblau», lächelte die rundliche Blondine (Veillon grosse Grössen) gegenüber am Tisch. «Oder dunkelbraun, nicht heikel, eine Farbe für alle Jahreszeiten», überging Herr Vontobel sämtliche Kommentare seiner Belegschaft. Sabina Waldvogel war endgültig überzeugt. Hier vergeudete sie ihre Zeit. **Warum** konnten Männer in gewissen Situationen nicht einfach einmal schweigen, als dauernd ihre ungefragte Meinung zu äussern. Dunkelbraun war noch grässlicher als Tannengrün. Und wenn man bedachte, dass ein grosser Teil der Uniformträgerinnen und -träger noch den Zweiten Weltkrieg erlebt hatten und die Farbe braun in ihnen sicher nicht die besten Erinnerungen weckte. Doch sie musste diplomatisch bleiben, damit das Geschäft auch abgeschlossen werden konnte. Schliesslich hatte ihr «Chic in UNI AG», die Firma, die für die Herstellung der Uniformen zuständig war, eine satte Provision zugesprochen. «Vielen Dank für Ihr Mitdenken – nun haben wir ja schon eine stattliche Anzahl von Farbvorschlägen auf dem Tisch.» Herr Vontobel bestand auf Naturfarben. Frau Sager begann ein flüsterndes Seitengespräch mit ihrer Tischnachbarin, dem Sabina entnahm, dass diese den Pastellvorschlag favorisierte, jedoch zögerte, dem Chef zu widersprechen.

Hätte Sabina Waldvogel nicht diesen Traum von einem kleinen, schnuggeligen, zitronengelben Citroen-Sportwagen mit Schiebedach, zu diesem traumhaft günstigen Preis beim Garagisten um die Ecke gesehen, und hätte Sabina Waldvogel nicht unbedingt diesen kleinen schnuggeligen Sportwagen zu ihrem neuen Begleiter in spe erkoren, wäre diese Geschichte anders ausgegangen. Doch Sabina Waldvogel brauchte dringend die Moneten, um sich das Objekt der Begierde anzuschaffen. Und so setzte sie alles daran, den Geschäftsgang gut abzuschliessen. «Altrosa und Taubenblau, warum nicht. Das Leben beginnt in Rosa für Mädchen und Hellblau für Buben, warum sollte es nicht in Altrosa für Damen und Taubenblau für Herren seine Vollendung finden», erläuterte sie und betonte, dass diese Farben auch für die Institution ein Werbeträger moderner Weltoffenheit und kommunikativen Zartgefühls darstellten. Das Tannengrün im Logo erdete zusätzlich und entschärfte allfällige kritische Stimmen. Sie überzeugte die Tischrunde inklusive Herrn Vontobel mit ein paar standardisierten Verkaufsargumenten, Ich-Botschaften und Rabattvorschlägen.
Und so kam es, dass ein paar Wochen später Sabina Waldvogel in ihrem schnittigen zitronengelben Sportwagen in der Seniorenresidenz Tannenheim vorfuhr und dem kleinen Empfang beiwohnte. Fast als Ehrengast. Der Gemeindeammann hielt eine Rede und lobte den weitsichtigen Institutionsleiter Herrn Vontobel und die gute Zusammenarbeit mit Frau Sabina Waldvogel und der Firma «Chic in UNI AG». Die Angehörigen waren des Lobes voll. Das leidige Thema über pässliche oder unpässliche Kleidung von Tisch- oder Zimmernachbarn war nun endgültig vom Tisch. Ob sich die Altersheimbewohner in ihren altrosa und taubenblauen Uniformen wohlfühlten, darüber kann nur spekuliert werden. Ein Fragebogen dazu ist noch in Ausarbeitung.

Ping: Warum

Der dreijährige Tim schaute zum Fenster hinaus und fragte: «Warum schneit es, Mama?» Als Tim sechs war, beobachtete er, wie seine Katze mit einer toten Amsel im Maul auf der Mauerbrüstung balancierte. «Warum fressen Katzen Vögel, Papa?» Drei Jahre später beklagte sich Tim, während er sein Rechenbuch aus der Schulmappe nahm: «Kannst du mir sagen, warum unsere Lehrerin unbedingt will, dass wir das 1 x 1 lernen müssen?» «Warum muss ich bereits um 22 Uhr zu Hause sein? Alle andern dürfen länger in die Disco», jammerte der vierzehnjährige Tim. «Und überhaupt, ich bin der Einzige, der nur zehn Franken Sackgeld bekommt.»
«Warum beachtet mich Sonja nicht?», fragte er sich ein paar Jahre später.
Der dreissigjährige Tim, der nicht Sonja, sondern Anja geheiratet hatte und Teil einer eigenen Familie wurde, fragte sich während der Heimfahrt von der Arbeit: «Warum verdiene ich weniger als Pascal, der nicht mal die Umsatzstatistik versteht?» Als Tims Freund Markus im «Ochsen» bei einer Stange Bier plötzlich sagte: «Tim, du musst wissen – ich habe Krebs», fragte er sich, während er sich schlaflos im Bett wälzte: «Was könnte ich für Markus tun?» Ein Jahr später, auf Markus' Beerdigung, als Tim sich von Freunden und Verwandten verabschiedet hatte, überlegte er, während er sich in der frisch verschneiten Landschaft verlor: «Warum bin ich noch am Leben?»
«Wir altern mit den Fragen, meine Damen und Herren. Haben Sie bemerkt: Je älter wir werden, desto schwieriger werden die Antworten. Doch ich kann Sie trösten: Fragen erhalten jung, Antworten hingegen altern rasch. Und damit Sie jung bleiben, gebe ich Ihnen eine der wichtigs-

ten Fragen mit auf den Weg: Was hat Ihr Leben für einen Sinn?»
Im Saal bewegt sich niemand. Das hat der Referent Professor Rosenthal erwartet. Sonst hätte er das Thema verfehlt. Befriedigt legt er sein **Manuskript** in die Mappe zurück, um sich dann, Sekunden später, während des Applauses kurz zu verneigen.

Pong: Manuskript

Drama in einem Akt

Personen:

Die Nachtwache, Simon Kreutzer, 28 Jahre alt. Sein langes, zu Rastazöpfen geflochtenes dunkelblondes Haar ist zusammengebunden. Er trägt Jeans und ein hellgraues T-Shirt, darüber ein wattiertes Gilet.
D.L.: Patient, 45 Jahre alt. Stirnglatze und grau meliertes Haar. Er trägt einen dunkelblauen Pyjama, darüber eine grüne Strickweste. Er ist barfuss.

Schauplatz:

Kurz nach Mitternacht im Stationszimmer einer Psychiatrischen Klinik. Die Türe zum Flur ist geöffnet. Im Zimmer brennt eine Neonröhre und verbreitet kaltes Licht. Draussen auf dem Flur sind die Lampen gedämpft, es herrscht schummriges Licht. Die Uhr an der Wand tickt leise.

D.L. (eilt aufgeregt durch den Flur, bleibt an der Türe zum Stationszimmer stehen): Kommen Sie, Herr Beuter, kommen Sie. In meinem Zimmer ist ein Löwe!

Simon Kreutzer: Nehmen Sie Platz, Herr L., setzen Sie sich. Was sehen Sie in Ihrem Zimmer, einen Löwen?

D.L.: *(fahrig):* Ja, wir müssen sofort handeln, er wird demnächst aus meinem Zimmer kommen.

Simon Kreutzer *(dreht sich vom Computer weg und wendet sich D.L. zu):* Herr L., ich glaube Ihnen, dass Sie einen Löwen gesehen haben, doch es gibt hier keine Löwen. Beruhigen Sie sich. Ich gebe Ihnen ein leichtes Schlafmittel, wie es Ihr Arzt, Herr Doktor Sterner, empfohlen hat, und Sie werden ruhig bis am Morgen schlafen können.

D.L.: Sind Sie verrückt geworden, Herr Beuter! Im Schlaf bin ich ein gefundenes Fressen für den Löwen. Was sind das für Ideen. Bin ich denn hier in einer Klapsmühle? Schlafmittel verabreichen, wenn Löwen herumschleichen.

Simon Kreutzer: Nun sind es also schon mehrere Löwen, die es auf Sie abgesehen haben. Ich komme mit Ihnen, und wir sehen in Ihrem Zimmer nach.

D.L. sträubt sich, doch nach einigem Zunicken erhebt er sich und geht mit dem Pfleger zu seinem Zimmer. Die Tür steht offen.

D.L.: *(wie gelähmt, mit stockender Stimme):* Sehen Sie, da kauert er, direkt neben dem Bett. Und am Fenster – da befindet sich ein ganzes Rudel und wartet nur, durch das geschlossene Gitter in den Raum einzudringen!

Simon Kreutzer *(ruhig und sachlich):* Ich sehe keine Löwen. Ich sehe nur den gesprenkelten Fussboden und das Flurlicht, das sich im Fenster spiegelt.

D.L. *(leicht aggressiv):* Herr Beuter, öffnen Sie die Augen, schauen Sie der Wahrheit ins Gesicht. Gerade Ihr Name macht Sie zur perfekten Beute. Sagen Sie mir nicht, ich hätte Sie nicht gewarnt.

Simon Kreutzer *(bestimmt und professionell):* Ich heisse Kreutzer, nicht Beuter. Machen Sie sich wegen mir keine Sorgen. Es geht nun um Sie, ganz allein um Sie, und dass Sie sich beruhigen können.
(Nach einer kurzen Pause): Was haben Sie denn für Erfahrungen mit Löwen gemacht?

D.L. *(sichtlich abgelenkt und etwas beruhigt):* Erfahrungen mit Löwen? Ich war Dompteur. Weltberühmt. Ich habe jeden Löwen gebändigt. Sie hätten meine Nummern sehen sollen. Sie tanzten alle um mich herum, die Raubkatzen: Löwen, Tiger, schwarze Panther. *(Zögert kurz, dann leise):* Löwen habe ich am liebsten dressiert.

Simon Kreutzer: Und wann haben Sie aufgehört mit dieser Arbeit?

D.L. *(flüsternd):* Oh, das hat einen einfachen Grund. Eines Tages stand ich in der Manege und habe die Raubtiere nicht mehr gesehen. Ich sah nur Sägemehl und leere Sitzplätze. Die Löwen, die Tiger, die Panther waren verschwunden. Und damit meine Leidenschaft, mein Beruf.

Simon Kreutzer: Ich verstehe, das ist eine schwierige Erfahrung.

D.L. *(erschöpft und müde):* Was stehen Sie hier herum, was wollen Sie in meinem Zimmer? Ich will schlafen und meine Ruhe. In dieser Klapsmühle hat man nicht einmal nachts seine Ruhe. Immer werde ich Dinge gefragt, die ich schon x-mal erzählt habe.

Simon Kreutzer: Dann ist ja gut. Ich lasse Sie jetzt allein, und Sie rufen, wenn Sie etwas brauchen.
Der Pfleger geht zurück ins Stationszimmer und setzt sich vor den Monitor des Computers. Er will sich seinen begonnenen Notizen widmen. Doch die Maus reagiert nicht auf seine Impulse. Auf dem Bildschirm erscheint ein Wurf junger Löwen, drollig und putzig.

Simon Kreutzer *(die Augen reibend und vor sich hin murmelnd):* Ich bin anscheinend übermüdet. Da hilft nur eine Tasse Kaffee.

Kreutzer erhebt sich und dreht sich zur offenen Türe des Stationszimmers. Im Türrahmen steht ein ausgewachsener Löwe. Der Bildschirm flimmert nur noch.

Er schrieb immer auf liniertem Papier,
damit die Adressaten zwischen den Zeilen
lesen konnten.

Ulrich Erckenbrecht (*1947)

Rituale beim Schreiben

In vielen Schreibbüchern ist zu lesen, dass Friedrich Schiller faule Äpfel in der Schublade brauchte. Der Duft, den er einatmete, inspirierte ihn zum Schreiben. Dies ist ein aussergewöhnliches Beispiel für ein Ritual, das ein Schreibender braucht, damit es ihm wohl ist. Es wurde deshalb überliefert, um zu zeigen, wie wichtig Umgebung und Atmosphäre sind, damit die Gedanken leicht den Weg aufs Papier finden. Es gibt Schriftsteller, die füllen ihr Blatt locker und behände aus, wenn sie unter Menschen sind. In einem Café sitzend, einen Capuccino vor sich, Menschen, die in ihrer Nähe plaudern, und schon purzeln die Gedanken. Andere lassen im Zug die Landschaft vorbeiziehen, und füllen gleichzeitig das Blatt oder den Laptop mit ihren Gedanken. Für andere ist ein solches Vorgehen fremd. Sie möchten Ruhe, um sich sammeln zu können. Ihr Schreibtisch muss leer sein, damit sie nicht abgelenkt werden. Vielleicht animiert sie leise klassische Musik im Hintergrund. Faule Äpfel in der Schublade kann sich als Inspiration wohl niemand vorstellen, aber der Duft einer Kerze oder eines Räucherstäbchens ist genau das, was sie sich wünschen, damit das Schreiben gelingt. Kaffee oder Tee, Wein oder Wasser, ein Glas in Reichweite kann manchmal Wunder wirken.
Es geht bei diesen Ritualen in erster Linie nicht um die Frage, was geschrieben werden soll, sondern darum, überhaupt zu beginnen. Sich überwinden und loslegen, anfangen und nicht hinauszuzögern, ist die Voraussetzung, um die Sehnsucht, überhaupt zu schreiben, ernst zu nehmen und sie zu stillen. Sich Zeit zu nehmen und nicht andere Tätigkeiten, die angeblich viel wichtiger sind, vorzuziehen, ist ebenfalls eine

unabdingbare Voraussetzung. Sich also Raum und Zeit schaffen. Das ist nicht immer ganz einfach, vor allem dann nicht, wenn man Verpflichtungen hat. Ein wichtiges Hilfsmittel könnte deshalb der Terminkalender sein. Ein, zwei Stunden pro Woche fürs Schreiben reservieren, wäre wünschenswert. Vielleicht fehlt dann gerade die Lust, der Antrieb und die Inspiration, um das Blatt zu füllen. Trotzdem empfehlen wir, einen Versuch in der für Sie richtigen Umgebung zu starten, denn die Inspiration kommt meistens erst beim Schreiben.
Es gibt Schriftsteller, die schreiben auch heute noch mit einem gespitzten Bleistift, weil sie den Klang der Mine, wie sie so leicht über das Papier gleitet, lieben. Andere schätzen einen Füller mit Goldfeder. Das Papier, auf dem geschrieben wird, kann auch wichtig sein. Wer gerne von Hand schreibt, sollte sich deshalb in einer Papeterie inspirieren lassen. Denn herauszufinden, welche Utensilien man braucht, damit Lust und Freude sich schriftlich auszudrücken aufkommt, ist nicht zu unterschätzen.
Wer mit dem Computer vertraut ist, wird vermutlich diese Art des Schreibens vorziehen. Wenn die Gedanken gleich schnell sind wie die Finger auf den Tasten, dann können sie auf eine leichte Art und Weise aufs virtuelle «Papier» fliessen. Es gilt also auch da herauszufinden, was Sie für die Freude am Schreiben brauchen.

> Die Natur hat nur eine Regel
> für die Schriftsteller, und die
> lässt sich in zwei Worte fassen: Lassts laufen
>
> Georg Christoph Lichtenberg (1742–1799)

Schreibblockaden

Eine Schreibstörung, Schreibhemmung oder gar eine Schreibblockade ist ein psychisches Phänomen, das in der Schwierigkeit oder Unmöglichkeit besteht, einen Text mit dem gewünschten Inhalt in einer bestimmten Zeit aufzuschreiben. Manchen Betroffenen fällt es schwer, einen Anfang zu finden, andere quälen sich Wort für Wort durch den Text, während ihnen eine mündliche Wiedergabe des Inhalts nicht schwer fällt. Viele Schriftsteller haben teilweise (manche sogar über längere Zeit) unter Schreibblockaden gelitten.
Woher kommen diese Schreibschwierigkeiten, die lästigen Schreibstörungen, die sich zu Schreibblockaden entwickeln können? Schreiben legt fest. Kommunizieren wir mündlich, dann ist dieser Vorgang viel oberflächlicher. Oft gehen die Worte beim einen Ohr hinein und beim andern wieder hinaus. Drücken wir uns jedoch schriftlich aus, dann haften sie. Schwarz auf weiss sehen wir sie auf dem Papier, wir können uns nicht mehr hinter ihnen verstecken. Wir müssen uns zeigen. Biografische Texte, also persönlich Erlebtes, können wir ein Stück weit verfremden, indem wir in der dritten Person schreiben. Das gibt Distanz, und wir fühlen uns nicht ganz schutzlos.
Wie aber können wir die Unlust, das Unbehagen oder gar die Angst vor dem leeren weissen Blatt oder vor dem virtuellen Blatt auf dem Bildschirm überwinden? Wenn wir die Idee, die wir im Kopf haben, einfach nicht so aufs Papier bringen, wie wir möchten. Wenn wir gehemmt oder gar blockiert sind. Dazu gibt es eine Lösung, die fast immer hilft: für sich allein aufschreiben, wie es einem jetzt gerade geht. Einen Roh-Roh-Text verfassen, drauflos schreiben, möglichst

ohne den Stift abzusetzen, was an Gefühlen und Gedanken zuvorderst ist. Die Angst, den Widerstand oder die Unlust beobachten und notieren. Meistens genügen fünf, zehn Minuten dafür. Das Aufgeschriebene können wir anschliessend in den Papierkorb werfen. Es dient nur dem Loswerden der hemmenden Gedanken und dem Freiwerden des Gedankenflusses. Das Schreiben des gewünschten Textes kann nun beginnen. Die Hindernisse haben wir aus dem Weg geräumt.

Anfangen, einfach anfangen, das ist eine weitere Lösung bei einer nicht allzu grossen Schreibhemmung. Dazu braucht es oft Disziplin, denn wer fängt schon mit Lust zu schreiben an? Die Freude kommt meistens erst während des Schreibens auf, wenn wir spüren, dass die Gedanken fliessen, wenn Geist und Körper miteinander arbeiten, wenn sie eine Einheit sind. Wichtig ist auch das frei werden vom Perfektionszwang, vom «gut» schreiben müssen.

Was das Ping-Pong-Schreiben betrifft, sollte das nicht schwer sein, wenn beide Parteien sich einig sind, dass sie einander Rohtexte oder poetisches Rohmaterial schicken. Einander Geschichten schreiben, sollte ja in erster Linie Freude machen und nicht eine Blockade auslösen, weil wir der Ansicht sind, dass wir zu wenig gut schreiben. Ping-Pong-Schreiben hat somit auch mit Selbstvertrauen zu tun, indem ich mir sage: Das, was ich schreiben will, schreibe ich so auf, wie ich es wahrnehme. Und: Ich schreibe es sprachlich so auf, wie ich es kann. Zum Schreiben gehört ein Mindestmass an Mut, um sagen zu können: So wie ich schreibe, ist das in Ordnung. So wie ich mich ausdrücke, ist es gut.

> Mehr als alles andere ist Aufmerksamkeit ein Akt des sich Verbindens.
>
> Julia M. Cameron (1815–1879)

Texte aus dem Hier und Jetzt

Wie Sie bis jetzt erfahren haben, können Sie mit dem Ping-Pong-Schreiben Ihre Erinnerungen wecken und Ihnen eine Form geben. Sie können in die Welt der Fantasie eintauchen und Geschichten fabrizieren. Selbstverständlich könnten Sie auch Gedichte hin- und herschreiben. Was wir Ihnen hier nun noch kurz vorstellen möchten, ist das Schreiben aus dem gegenwärtigen Moment. Was nehmen wir zum Beispiel wahr, wenn wir auf den Bus warten, wenn wir zögern, ob wir dieses oder jenes Produkt kaufen sollen, wenn wir auf der Einkaufsstrasse bummeln und Menschen beobachten, wenn wir uns auf das Taxi stürzen, das uns vor der Nase abfährt, oder wenn wir umherirren, weil wir uns für den Weg rechts statt links entschieden haben? Was beobachten wir, was geht in uns vor bei unseren unzählig vielen tagtäglichen Entscheidungen? Was nehmen wir wahr, worauf richtet sich gerade jetzt unsere Aufmerksamkeit?

Schilderungen aus dem Hier und Jetzt sind Momentaufnahmen, Schnappschüsse aus dem Alltag. Sie haben meist keine grosse Bedeutung, sie sind unspektakulär. Es geht nicht um einen Konflikt oder um einen Spannungsaufbau wie in einer längeren Erzählung oder einem ausführlichen Text. Es geht einzig um das Wahrnehmen, um das Beobachten: Was sehen wir, was hören wir, was fühlen und denken wir in diesem einen Augenblick?

Mit wenigen Worten zu notieren, was ist, macht den Alltag beachtenswert. Das Modewort «Entschleunigung» bekommt Bedeutung und wir staunen, was alles in unscheinbaren Begebenheiten und Momenten steckt. Die Aufmerksamkeit

und Konzentration auf eine Sache tut gut und schult die Wahrnehmung. Mit Ping-Pong-Texten aus der unmittelbaren Gegenwart nehmen wir Teil am Alltag unseres Schreibpartners. Wir erfahren so ganz nebenbei Neues über ihn und auch Neues über uns.
Diese Art des Ping-Pong-Schreibens geschieht oft in einem raschen Wechsel. Die Bälle fliegen hin und her, die Texte sind kurz und knapp. Sie sind kleine Dokumentationen der unmittelbaren Gegenwart. Die folgenden Beispiele sind solche schnell drauflosgeschriebenen Kurztexte.

Beispiele für Texte aus dem Hier und Jetzt

Ping: Schreiben

Meine Schreibpartnerin wirft mir das Wort «Schreiben» zu. «Da fällt ihr ganz bestimmt etwas ein», überlegt sie vielleicht. Recht hat sie. Dieses Wort ist ein guter Schuss.

Mit seinem offenen Skizzenblock auf den Knien braucht er viel Platz. Die Frau neben ihm rückt so gut sie kann beiseite. Sie wendet sich der vorbeiziehenden Landschaft zu und wirft dazwischen verstohlen einen kurzen Blick auf die Skizze. Ich sitze schräg gegenüber dem Zeichner und habe ebenfalls einen Block auf den Knien, aber einen ganz kleinen. Ich will schreiben. Der **Zug** gewinnt an Tempo. Nun streckt der Mann seinen Arm in Richtung meines Körpers. In der Hand einen senkrechten Stift haltend, blickt er durch mich hindurch. Wahrscheinlich sucht er den Fluchtpunkt. Aha, er übt im Zugswagon das perspektivische Zeichnen. Sicher gefällt ihm, dass ihn alle anstarren. Ich will nun endlich schreiben. Doch die dazu passenden Wörter sind verschwunden. Einfach weg. Ein paar Striche ziehen scheint einfacher zu sein.

Pong: Zug

Mein Favorit ist der ICE, 1. Klasse, Schweigewagen. Bei Sprüngli decke ich mich mit Proviant ein. Ein gefülltes Brötchen und vier Luxemburgerli, die Saisonalen. Ich wähle einen Sitzplatz im Viererabteil, mit Tischchen. Der Zug fährt ab. Langsam rollt er aus dem Bahnhof, beschleunigt. Häuser, Trams und Strassen bewegen sich am Fenster vorbei. Wir verlassen die Stadt. Nun beginnt der Landschaftsfilm. Mit den Feldern, Wäldern und Wolken, je nach Jahreszeit hellgrün, bunt oder schwarz-weiss, ziehen meine Gedanken, **saisonal.** Und immer fühle ich mich auf diesen Schienen frei.

Ping: Saisonal

Das Sauerkraut dampft und die Rahmblutwurst fliesst kompakt, schnittfest und in feiner Konsistenz auf den Teller. Ich tupfe meine Lippen mit einer mit Puttenengeln geschmückten Serviette ab, bevor ich zum Glas Rotwein greife. Auf dem Salontischchen liegt der Adventskranz mit **zwei** brennenden **Kerzen.** Ich sehe mich verschwommen in der Mattscheibe des Fernsehers und drücke nun auf die Fernbedienung. Die Idylle knackt.

Pong: Zwei Kerzen

Zwei Kerzen stehen auf dem Beistelltischchen neben dem Lesesessel. Sie sind identisch, die gleiche Farbe, aus dem gleichen Geschäft, das gleiche Fabrikat, bienenhoniggelb. Die eine brennt in ruhiger Flamme, die andere flackert, und eine schmale, dunkelgraue Rauchspur steigt von ihr zur Decke. Ihr Docht krümelt und hinterlässt Spuren im geschmolzenen Wachs. Es gibt Menschen, die keine Kerzen im Raum anzünden, weil sie die weissen Wände schwärzen könnten. Wie war das mit dem Opferlamm und der Rauchsäule? Und dem blaugetünchten Himmel? Und den zwei Brüdern im **Alten Testament?**

Ping: Altes Testament

Ich habe doch eines oder etwa nicht? Ich suche und finde es zwischen den beiden Büchern «Trost der Philosophie» und «Die Kunst des langen Lebens». Die Bibel hat zwei gute Nachbarn gefunden. Sie gibt Trost und die beiden Brüder im Alten Testament wurden alt. Ich blicke meine Bücher, die sich im Büchergestell hinter meinem **Rücken** befinden, zärtlich an. Die drei gehören mit den anderen links und rechts zu den Büchern mit Schmökercharakter. Je nach Stimmung und Denklust blättere ich zwischen den Seiten und lese, bis ich ein Aha-Erlebnis finde. Wenn ich satt bin, schlage ich den Buchdeckel für eine lange Zeit zu. Deshalb sollte ich sie unbedingt wieder einmal abstauben.

Pong: Rücken

17.30 Uhr: Er steht neben mir im Tram. Ich konnte dieses Mal einen Sitzplatz ergattern. Sein schwarzer Rucksack schwingt haarscharf an meiner Nase vorbei. Hin und her. Ich sehe nur diesen Rucksack und seinen Rücken. Er trägt eine schwarze Lederjacke, einen grauen Wollschal und eine verwaschene Strickmütze. Mit der linken Hand hält er sich an der Stange, in der rechten Hand hält er sein iPhone und telefoniert. Er ereifert sich und mit jedem Satz, den er betont scharf ausspricht, schwankt sein Rücken nach links oder nach rechts und der Rucksack, dem Gesetz der Schwerkraft folgend, schwankt mit. «Kreuzplatz» – noch eine Station, noch einmal den Rucksack wie ein Scheibenwischer an meinem Gesichtsfeld vorbei. Dann «Stadelhofen» – er steigt aus, ich ebenso. Ein paar Schritte bewegt er sich vor mir, dann verschwindet er in der Menge. Und ich bin die Rücksicht los.

Verlängerung

Jedes Spiel ist einmal zu Ende. Beim Ping-Pong-Schreibspiel gibt es keinen Sieger und keinen Verlierer. Ein unentschiedenes Spiel kommt in die Verlängerung. So lassen wir noch einmal den Ball hin- und herfliegen und spielen mit ganz unterschiedlichen Genres. Es bleibt beim Unentschieden – der Pokal gehört beiden Parteien. Auch das ist eine Regel bei diesem Spiel. Und der Ball? Der entschwindet sanft im Land der Poesie...
Beginnen wir die Verlängerung mit einem Ping Pong:

Ping: Ping – Pong

F: Wann sehen wir uns?
M: Will allein sein.
F: Dann treffe ich mich mit X.
M: Hast Morgen **Zeit?**
F: Muss arbeiten.
M: Dann gehe ich allein ins Kino.
F: Du fehlst mir.
M: Du mir auch.

Pong: Zeit?

Wozu?
Warum?
Woher?
Wohin?
Wer?
Mit wem?
Was?

Es steht alles in der Zeitung, oder? – Nimm dir Zeit.

Ping: Wohin?

Flügel ausbreiten
Dem tiefblauen **Himmel** nah
Im Sturm des Tages
Hebe ich ab und kreise
Auf der Suche nach dir

Pong: Himmel

Als er an der Himmelspforte stand, sagte Petrus: «Die Aufzeichnung ist nicht schlecht, doch nun überarbeite sie.» Und so war er wieder auf Erden gelandet und lebte sein Leben mit Rotstift.

Als er wieder an der Himmelspforte stand, sagte Petrus: «Die Überarbeitung ist nicht schlecht, nun schreibe sie ins Reine.» Und so war er wieder auf Erden gelandet und lebte sein Leben im Reinen.
Als er wieder an der Himmelspforte stand, sagte Petrus: «Die Reinschrift ist nicht schlecht, nun mach daraus ein Buch.» Und so war er wieder auf Erden gelandet und lebte ein Bilderbuchleben.
Als er wieder an der Himmelspforte stand, sagte Petrus: «Hier ist das Manuskript zu deinem Bilderbuchleben, überarbeite es und schreibe es ins Reine und mach daraus ein Buch.» Nun weiss er, wie die **Ewigkeit** aussieht.

Ping: Ewigkeit

Ewigkeit
ist zeitlos
ohne Ende
ist Fluch
und Sehnsucht
ist festgehalten werden
ist verknotet werden
ist verankert werden
im Himmel
und **auf Erden**
für immer
und ewig.
Amen

Pong: Auf Erden

(Tragödie in einem Akt)

Liebe Liese,
Liegewiese liegt links!

Riesenliebe liebt Liegewiese.
Liebt Liese linkisch liegend.

Miese Liese, diese fiese
liebt nicht Riesenliebes Triebe.

Liebt **viel lieber** Riesenliebes Krise.

Ping: Viel lieber

Viel lieber, als am Pult zu sitzen und zu schreiben,
würde ich jetzt:
einen Pilcher reinziehen
mich ins Sofakissen schmiegen
an einem Glas Primitivo nippen
dazu Wasabi-Nüsse knabbern
später auf die **Fernbedienung** drücken
mich umdrehen
Beine hochziehen
und mitsamt den Kleidern einschlafen.

Pong: Fernbedienung

Ein Liebesgedicht

Manchmal möchte ich nachts die Fernbedienung drücken, um das Schnarchen neben mir zu stoppen.

Und **manchmal** möchte ich nachts die Fernbedienung drücken, um die Stille mit Schnarchen auszufüllen.

Und manchmal möchte ich nachts durch deine Träume zappen.

Ping: Manchmal

Über dem **Fluss**tal
verdrängt die Sonne manchmal
die Nebelschwaden

Pong: Fluss

Ping-Pong bringt Fluss
Welch ein Genuss
Bis zum Schluss

Schlusswort und Dank

Vielleicht haben Sie während der Lektüre dieses Buches einen Schreibpartner gefunden und sind mitten im Spiel. Ihre Bälle fliegen hin und her, Sie erleben das Schreiben zu zweit. Oder aber Sie haben zuerst einmal in Ruhe dieses Buch gelesen, darin geblättert und sind nun auf der Suche nach einem passenden Partner. So oder so hoffen wir, dass wir Sie mit diesem Buch verführen konnten und Sie einen anderen Zugang zum Schreiben erhalten haben. Womöglich sind Sie schon in Ihre Erinnerungen eingetaucht. Oder Sie fabrizieren Fantasiegeschichten und bezaubernde Momentaufnahmen. Oder Ihnen sagen die Mischformen besonders zu, und Sie schreiben einfach aus sich heraus, hin und her, hin und her und freuen sich an den Texten. Wenn das so ist, hat unser Buch sein Ziel erreicht, und wir freuen uns mit Ihnen.

An dieser Stelle möchten wir uns herzlich bei unserer Verlegerin Claudia Wartmann bedanken, die den Ball auffing und bereit war, dieses Buch zu verlegen. Ihre Inputs, ihre Fragen und ihre Aufmunterung haben dieses Buch möglich gemacht. Danken möchten wir Anne Kittel für das umsichtige Lektorat, Remo Wyss für die kreative Umsetzung des Titels auf dem Umschlagbild sowie Ursi Anna Aeschbacher für das sorgfältige Layouten, Setzen und Vorbereiten des Buches für den Druck. Ohne all diese engagierten Personen wäre dieses Buch nicht entstanden. Ein Dank gehört auch den vielen Kursteilnehmenden, die uns immer wieder die Motivation zu unserer «Mission» gaben.

Nun verabschieden wir uns von Ihnen und überlassen Ihnen die Bälle.

Bücherverzeichnis

Bichsel, Peter, Der Leser: Das Erzählen. München, Luchterhand Verlag, 1982

Cameron, Julia, Von der Kunst des Schreibens. München, Knaur Taschenbuch, 2003

Haller, Christian, Die Stecknadel des Herrn Nabokov. München, Luchterhand Verlag, 2010

Hinnen, Peter, Geschichten sind überall. Chur, Octopus Verlag, 1990

Hohler, Franz und Schubiger, Jürg, Hin- und Hergeschichten. Zürich, Nagel & Kimche, 1986

Johnson, Alexandra, Wie aus dem Leben Geschichten entstehen. Zürich, Pendo Verlag, 2003

Kutzmutz, Olaf und Porombka, Stephan (Hrsg.), Erst lesen. Dann schreiben – 22 Autoren und ihre Lehrmeister. München, Luchterhand Literaturverlag, 2007

Meier-Dell'Olivo, Rosemarie, Schreiben wollte ich schon immer. Zürich, Oesch Verlag, 2001

Ortheil, Hanns-Joseph, Schreiben dicht am Leben. Mannheim/Zürich, Dudenverlag, 2012

Platsch, Anna, Schreiben als Weg. Bielefeld, Theseus Verlag, 2009

Pessoa, Fernando, Das Buch der Unruhe des Hilfsbuchhalters Bernardo Soares. Frankfurt a.M., Fischer Taschenbuchverlag, 2006

Schacter, L. Daniel, Wir sind Erinnerung, Reinbek b. Hamburg, Rowohlt Taschenbuch Verlag, 2001

Schärf, Christian, Journal und Tagebuch. Mannheim/Zürich, Dudenverlag, 2012

Schulte-Steinicke, Barbara, Autogenes Training und Kreatives Schreiben. Milow, Schibri Verlag, 1997

Shpancer, Noam, Der gute Psychologe. München, Knaus Verlag, 2011

Vom Scheidt, Jürgen, Kreatives Schreiben – Wege zu sich selbst und zu andern. Frankfurt am Main, Fischer Tagebuch Verlag, 1993

Von Werder, Lutz, Erinnern, wiederholen, durcharbeiten. Milow, Schibri Verlag, 1996

Von Werder, Lutz, Schulte-Steinicke, Barbara, Schulte, Brigitte, Die heilende Kraft des Schreibens. Ostfildern, Patmos Verlag, 2011

Wolf, Maryanne, Das lesende Gehirn. Heidelberg, Spektrum Akademischer Verlag, 2009

Im gleichen Verlag erschienen

Claudia Wartmann:

Spurwechsel

Dem Leben eine Wende geben

ISBN 978-3-9523218-0-5

CHF 21.80

Was tun, wenn die Unzufriedenheit am Arbeitsplatz wächst und langsam unerträglich wird? Was tun, wenn eine Krise oder ein Schicksalsschlag zur Neuorientierung auf dem Lebensweg zwingt? Die Menschen, die in diesem Buch ihre persönliche

Wende gegeben: Sie berichten von ihrem Wandel vom Herzchirurgen zum Lastwagenfahrer, vom Computerfachmann zum Tierpsychologen, von der Familienfrau zur Theologin. Sie schildern, wie sie das Grand-Hotel eingetauscht haben gegen die Suchthilfestation oder den Schreibtisch gegen ein Schiff in der Arktis.

Ein ermutigendes, lebensnahes Buch: Es zeigt, wie ein Spurwechsel zu einer tiefen inneren Befriedigung führen kann.

Bestellungen: www.wartmann-natuerlich.ch

CLAUDIA WARTMANN NATÜRLICH

Im gleichen Verlag erschienen

Brigitta Wider:

Späte Rosen

Mein Vater, das Leben und ich
ISBN 978-3-9523218-5-0
CHF 28.00

Was bedeutet es, seine Mutter oder seinen Vater im Pflegeheim «abzugeben»? Brigitta Wider kennt die Schuldgefühle, die Zweifel und die Trauer über das Zurücklassenmüssen eines Elternteils. Bei ihren regelmässigen Besuchen in der entschleunigten Welt des Heims durchlebt sie ein Wechselbad der Gefühle und stösst an die Grenzen ihrer Belastbarkeit. Doch allmählich entdeckt sie bisher unbekannte Seiten an ihrem Vater und kann ihm – endlich – neu begegnen.

Ein berührendes Zwiegespräch einer Tochter mit ihrem Vater. Eine kluge Auseinandersetzung mit dem Älterwerden und Altsein. Ein leidenschaftliches Plädoyer für das Leben.

Bestellungen: www.wartmann-natuerlich.ch

CLAUDIA WARTMANN NATÜRLICH